U0522354

入其國,其教可知也。……其爲人也溫柔敦厚而不愚,則深於《詩》者也;疏通知遠而不誣,則深於《書》者也;廣博易良而不奢,則深於《樂》者也;絜静精微而不賊,則深於《易》者也;恭儉莊敬而不煩,則深於《禮》者也;屬辭比事而不亂,則深於《春秋》者也。

——《禮記·經解》

國家社會科學基金項目"先秦道家心性美學及現代價值研究"
(項目編號:20BZX130)研究成果

經典與解釋　古今叢編
HERMES
中國社會科學院外國文學研究所
古典學研究室　編
主編　劉小楓　賀方嬰

道德玄經原旨

附《玄經原旨發揮》
〔元〕杜道堅　著
楊鋒剛　校注

中國社會科學出版社

圖書在版編目(CIP)數據

道德玄經原旨：附《玄經原旨發揮》/（元）杜道堅著；楊鋒剛校注.
--北京：中國社會科學出版社，2024.7
（經典與解釋. 古今叢編）
ISBN 978-7-5227-3616-7

Ⅰ.①道… Ⅱ.①杜… ②楊… Ⅲ.①《道德經》—研究 Ⅳ.①B223.15

中國國家版本館 CIP 數據核字（2024）第 105662 號

出 版 人	趙劍英
項目統籌	朱華彬
責任編輯	孫　萍
責任校對	王金英
責任印製	李寡寡

出　　版	中國社會科學出版社
社　　址	北京鼓樓西大街甲 158 號
郵　　編	100720
網　　址	http://www.csspw.cn
發 行 部	010-84083685
門 市 部	010-84029450
經　　銷	新華書店及其他書店

印刷裝訂	北京君昇印刷有限公司
版　　次	2024 年 7 月第 1 版
印　　次	2024 年 7 月第 1 次印刷

開　　本	880 ×1230　1/32
印　　張	5.125
字　　數	125 千字
定　　價	46.00 元

凡購買中國社會科學出版社圖書，如有質量問題請與本社營銷中心聯繫調換
電話：010-84083683
版權所有　侵權必究

出版說明

　　1953年2月，新中國成立第一個國家級文學研究所，涵蓋中國文學學科和外國文學學科。1955年6月，中國科學院設立哲學社會科學學部等四個學部，文學研究所遂隸屬於中國科學院哲學社會科學學部，其外國文學學科下設四個組，即蘇聯文學組、東歐文學組、東方文學組和西方文學組。

　　1957年7月，在"古爲今用、洋爲中用"的文化方針引領下，文學研究所創辦《文藝理論譯叢》輯刊，"旨在有計劃、有重點地介紹外國的美學及文藝理論的古典著作"，1959年初停刊，共出版6輯。同年，文學研究所制訂"外國古典文學名著叢書"和"外國古典文藝理論叢書"編譯計劃。1961年，《文藝理論譯叢》復刊，更名爲《古典文藝理論譯叢》，同時創辦《現代文藝理論譯叢》，歷史地刻寫了文學研究所外文組古今並重的學術格局，"爲新中國文藝理論界提供了豐富而難得的參考資源，成爲公認的不可缺少的資料庫"。

　　1964年9月，爲加強對外研究，經毛澤東同志批示，中國科學院哲學社會科學學部以文學研究所下轄的四個外國文學組，加上中國作協《世界文學》編輯部，另行成立外國文學研究所。自晚清以來，我國學界譯介西方文明古今典籍的學術生力終於有了建制歸屬。

时世艱難，國際形勢的變化很快中斷了外國文學研究所的新生熱情。《古典文藝理論譯叢》在 1965 年停辦（共出版 11 輯），"外國古典文藝理論叢書"選題 39 種，僅出 12 種。

1977 年，中國科學院哲學社會科學學部獨立組成中國社會科學院。值此改革開放之機，外國文學研究所迅速恢復"外國古典文學名著叢書"和"外國古典文藝理論叢書"編譯計劃，"分別刪去兩種叢書中的'古典'二字"。顯然，譯介西方現當代學術文籍乃我國新時期發展所亟需。1979 年，外國文學研究所推出大型"外國文學研究資料叢書"，開創了經典與解釋並舉的編譯格局（至 1993 年的 15 年間，出版近 70 種），儘管因人力所限無法繼續秉持古今並重的編譯方針。

1958 年出版的《文藝理論譯叢》（第四期）曾譯介過十九世紀法國著名批評家聖·佩韋（1804—1869，又譯"聖勃夫"）的文章《什麼是古典作家》，其中對古今作家之別有清晰界定。classique 這個語詞引申爲"經典作家"的含義時，起初僅僅指古希臘的荷馬、肅劇詩人和柏拉圖等。大約公元二世紀時，羅馬人也確認了自己的古典作家——西塞羅和維吉爾。但自但丁（1265 - 1321）、喬叟（1340—1400）、馬基雅維利（1469—1527）、拉伯雷（1494—1553）、蒙田（1533—1592）、塞萬提斯（1547 - 1616）、莎士比亞（1564—1616）以來，拉丁歐洲也有了自己的古典作家，他們與新興王國或者説領土性民族國家的形成有關。1694 年，法蘭西學院的第一部詞典把 classique 界説爲"具有權威的古代作家"，而十九世紀的聖·佩韋則認爲，這種界定過於"拘束"，現在是時候"擴大它的精神含義"了。因爲自"拿破侖帝國時代"——如今稱爲"大西洋革命時代"——以來，只要作品"新鮮"或"多少有些冒險性"就能夠成爲classique。由此看來，在今天的中國學人面前，實際上有兩個品質不同的西方古典文明傳統，以及自啓蒙運動以來形成的現代歐洲文明傳統。

從1959年的"外國古典文學名著叢書"和"外國古典文藝理論叢書"編譯計劃，到1979年的"外國文學研究資料叢書"編譯計劃，記錄了前輩學人致力於整全地認識和譯介西方文學傳統所付出的歷史艱辛，儘管因時代所限，對兩個西方古典文明的基礎文本及研究文獻的編譯剛剛開始就中斷了。2002年，古典文明研究工作坊創設"經典與解釋"系列叢書和專題輯刊，意在承接數代前輩學人建設新中國學術的堅韌心志，繼續積累可資參考的學術文獻。

2023年12月，在"兩個結合"的學術方針激勵下，外國文學研究所正式設立古典學研究室。值此之際，我們開設"經典與解釋·古今叢編"，志在賡續三大編譯計劃的宏願，進一步型塑古今並重和經典與解釋並舉的編譯格局，同時向普及性整理中國文史典籍方面拓展，爲我國的古典學建設盡綿薄之力。

中國社會科學院外國文學研究所
古典學研究室謹識
2024年5月

目 錄

校注前言 …………………………………… 1

道德玄經原旨

道德玄經原旨序一 ………………………… 1
道德玄經原旨序二 ………………………… 4
道德玄經原旨序三 ………………………… 5
道德玄經原旨序四 ………………………… 7
道德玄經原旨序五 ………………………… 9
道德玄經原旨卷之一 ……………………… 11
道德玄經原旨卷之二 ……………………… 29
道德玄經原旨卷之三 ……………………… 45
道德玄經原旨卷之四 ……………………… 68

玄經原旨發揮

玄經原旨發揮序 …………………………… 88

玄經原旨發揮卷上 …………………………………… 90
 先天章一 ………………………………………… 91
 元始章二 ………………………………………… 92
 開物章三 ………………………………………… 95
 太上章四 ………………………………………… 98
 三五章五 ………………………………………… 103
 王伯章六 ………………………………………… 111

玄經原旨發揮卷下 …………………………………… 119
 降生章七 ………………………………………… 119
 授經章八 ………………………………………… 121
 西遊章九 ………………………………………… 124
 原題章十 ………………………………………… 126
 章句章十一 ……………………………………… 127
 纂玄章十二 ……………………………………… 129

玄經原旨發揮序一 …………………………………… 145
玄經原旨發揮序二 …………………………………… 147

附　錄

 主要參考書目 ……………………………………… 149

校注前言

《道德玄經原旨》《玄經原旨發揮》（以下兩書分別簡稱《原旨》《發揮》），杜道堅著。

杜道堅（1237—1318），字處逸，號南谷子，安徽當塗人，宋元之際著名道教學者，道教茅山派重要代表人物，晋杜預之後。杜氏"生而神異，性穎敏，年十四，得異書於異人，即嗜老氏學"（朱右《白雲稿》卷三《杜南谷真人傳》）。後入茅山學道，深得上清派第三十八代宗師蔣宗瑛器重，授以大洞經法。杜氏"興玄學，飭規範，舉廢墜"，不惟精研玄道，亦且心懷黎庶。元軍南渡，所在震動，杜氏慨然冒矢，叩軍門，謁太傅淮安王巴延，披膽陳詞，勸其不殺，民免塗炭。後隨太傅朝上都，入覲，陳當世之要務，曰"求賢、養賢、用賢"。世祖大悦，甚嘉納之。後屢召對，"議論宏達，舉將相之才，莫不稱旨"。朝廷"嘉其古直，屢賜恩光"，元成宗大德七年（1303），授杭州道錄、教門高士。元仁宗皇慶元年（1312），授隆道沖真崇正真人。

杜氏晚歲潛心道教老學研究，著《道德玄經原旨》《玄經原旨發揮》《關尹闡玄》《文子纘義》等書數十萬言，援儒明老，會通三教，證以古史，發内聖外王之要，明皇道帝德之風，時人盛贊其"理造幽微，文含混厚，讀之者知大道之要，行之者得先聖之心，可謂學業淹深，文行具備者矣"（趙孟頫《松雪齋集》卷九《隆道冲真崇正真人杜公碑》）。杜氏"道際兩朝，學探古始"（《發揮》任士林序），在道教茅山派及宋元道教老學史上占有重要地位。

《道德玄經原旨》共四卷，無章名章次，以"《經》曰"引述《道德玄經》（即《道德經》）本文，以"《原旨》曰"申發己意。原書引述經文七十九章，其末章見於通行本《道德經》第八十一章，而通行本第七十九、八十章不見於《原旨》。《原旨》之所爲作，旨在發明《道德經》之宗旨。杜氏以老子爲有道無位之聖人，以《道德經》爲一無名古史君國治世之書，期以龜鑑萬世，綱維人極。故曰："《玄經》之旨，本爲君上告。"（《原旨》卷一）又曰："《玄經》本旨，一皆以正己正人，與爲人主者告。"（《原旨》卷四）

杜氏以爲，老聖作《玄經》之本懷，乃有鑒於世風澆薄，智詐相欺，於是探賾古史，敷述羲軒堯舜之道、上古無爲之化、垂衣結繩之治，以昭天下後世，使時君世主，能"執古之道，以御今之有"，以望有補於當世。杜氏曰："原老聖之意，諄諄以皇道帝德爲當世告者，正以王伯雜出，功力相尚，慮其所終，而民莫措，故欲挽破碎於渾全，回澆漓於淳樸。"（《發揮》卷下《原題章十》）然古今注老子者，多隨其時代所尚，師其成心，以相非訾，或言清虛無爲，或言吐納導引，或言性命禍福，或言兵刑權術，"紛紛説鈴，家自爲法，曾不知《道德》本旨，内聖外王之爲要"（《發揮》卷下《章句章十一》）。遂使老聖之用心、《玄經》之本旨不能相發，而反以相戾。

杜氏作《道德玄經原旨》，明其旨而撮其要，以發明"皇道帝德""内聖外王"爲《玄經》之大綱大要。其曰："老聖作

《玄經》，所以明皇道帝德也。"（《原旨》卷一）又曰："老聖著《玄經》，以道德名者，尊皇道，尚帝德也。言道德則王伯、功力在焉。"（《發揮》卷上）"老聖之言，紀無始有始開天立極之道，太古上古皇道帝德之風，下至王之功、伯之力，見之五千餘文，囊括天人之道，上下幾千百代，歷歷可推。"（《發揮》卷下《原題章十》）以"皇道帝德""內聖外王"爲指歸，《原旨》援儒以明老，證之以六經之言，參之以帝王之事，指出老、孔無二道。其言曰："老聖撫古史以著《道德》，孔聖撫魯史以作《春秋》，一也。"（《發揮》卷下《原題章十》）"《洪範》之建用皇極，所以爲民作則也；聖人之抱一爲天下式，所以爲民立命也。"（《原旨》卷三）"老子之治人事天，《書》之祈天永命，一也。"（《原旨》卷四）又如以《論語·泰伯》所謂"聖如文王，三分天下有其二，以服事殷"注《道德經》第六十四章"欲不欲，不貴難得之貨"，以《孟子·離婁下》"文王視民如傷，望道而未之見"注"學不學，復衆人之所過"（《原旨》卷四）。如此種種，隨文可見。

杜氏雖爲教門高士，然不拘門戶，不惟援儒明老，亦且會通三教。如注《老子》五十二章"天下有始"曰："天下有始，始一也。有父母未生之始，有天地未兆之始，有未始有始之始，其來尚矣。可不謂神得一以靈乎？道言神明，釋言靈光，儒言聰明，同一始也。"（《原旨》卷三）同章注"襲常"曰："襲，合也，合乎大常。所謂允執厥中，所謂獨立不改，所謂不與萬法爲侶，同此道也。"又以爲《老子》"天下萬物生於有，有生於無"，即《易》之所謂"易有太極，是生兩儀"；釋氏所謂"萬法歸一，一歸何處"，即"有生於無"，而復歸於無也（《原旨》卷四）。時人評其"不主一家，惟理是同，惟經是從，惟正是宗，務使天下後世無所置疑於其師之說，其用心蓋若此，可謂弘也矣"（《原旨》牟巘序）！

《玄經原旨發揮》共兩卷，十二章。前六章爲先天、元始、開物、太上、三五、王伯，述皇帝王伯、道德功力之叙；後六章爲降生、授經、西遊、原題、章句、纂玄，述老子應化降生、授經西遊之本末。此書之所作，以南宋謝守灝撰《老子實錄》《年譜》，述老子應世度化之聖迹頗詳，然其引用年代尚多異同，久懷考證而未能，遂效法邵雍《皇極經世》之意，采擴《皇極》之元、會、運、世，察以曆數，徵以古史，參以經旨，歷叙道體生化、老君應世、授經西遊之聖迹。遡自先天元始、開物成務，以至三皇九紀、人極既立、道德升降、帝王更遞、興廢治亂之迹，杜氏所謂"不惟有極以來，已然之世代可徵，而無極以前，未然之朕兆庸有可推"（《發揮》杜氏自序）。原其旨，大抵尊皇道、尚帝德，發《原旨》之所未盡，補《皇極》有所不陳。可謂"開闢古今，經緯理數，得函關之意，集玄學之大成"（《發揮》黄石翁序）。

《原旨》《發揮》兩書，現存最早的版本是明代《正統道藏》本。2004年華夏出版社出版的《中華道藏》、2011年宗教文化出版社出版的《老子集成》，均收有顧志華點校本。但迄今爲止，尚無單行本和注釋本。爲便於學習研究，考慮現代閱讀習慣，本次校注，以文物出版社、上海書店、天津古籍出版社1988年影印涵芬樓《正統道藏》本爲底本，按照"經典與解釋"叢書體例，將繁體竪排改爲繁體橫排，施加現代標點，對疑難字詞、人名、制度、引文出處等進行注釋。需要说明的是，本書的標點也適當參考了上述點校本。

爲適應現代排版和閱讀的需要，版式方面略作了調整。兩書正文皆用五號宋體字，《原旨》正文前的《道德經》經文排以五號黑體字，《發揮》中的杜氏按語則用五號仿宋字，以便觀覽。書中作者的原注用稍小的宋體字，以六角括號〔〕括之，以示區別。新增注釋亦用稍小的宋體字，較短者采用隨文夾注方式；若注文較長，則改用脚注。杜氏原書引述《道德經》經文與通行本不一致者，若不影響文意理解，概從原書。若個別地方有明顯訛誤者，或對理解文意有較大影響者，則出脚注予以説明。書中的舊字形均改爲新字形，異體字則酌情改爲規範字。

此外，《原旨》書前有序五篇，《發揮》書後有序兩篇，今皆統一標其序次。

最後，由於校注者學識水平所限，錯謬之處實所難免，懇望讀者諸君批評指正！

校注者

辛丑年暮春於蘭州大學

·道德玄經原旨·

道德玄經原旨序一

　　《老》《易》無二道。《易》有太極,《易·繫辭上》:"易有太極,是生兩儀,兩儀生四象,四象生八卦。"聖經指《道德經》存而勿論。《易》首乾坤,後天之道也。效天法地,故儒道與天地同功。太易者,未見氣,《列子·天瑞》:"有太易,有太初,有太始,有太素。太易者,未見氣也。"道家以爲大道之祖。"無,名天地之始"《老子》首章,先天之道也。道法自然,故老聖得歸無之妙。噫!《道德》一經盡之矣。余惟至道不煩,故嘗寓諸圖贊而不敢盡。

　　一日,内侄簡成性至自杭見,謂比識南谷杜先生,其論多與圖贊合,因得所著《原旨》視。余每歎世未有與論此事者,一讀莫逆于心。其曰"玄之似無而有,又玄似有而無"《原旨》卷一,"生物之天,由此大著;自然之天,隱然長存"《原旨》卷一,曰"太極中虛,谷神在焉",谷虛善應者心,神靜故靈者性《原旨》卷一,曰"太極乃物初渾淪①之太一,無極乃太極未形之太

---

① 渾淪:同"渾沌",指宇宙天地初創之始的渾濛一體的狀態。《列子·天瑞》:"太易者,未見氣也;太初者,氣之始也;太始者,形之始也;太素者,質之始也。氣形質具而未相離,故曰渾淪。渾淪者,言萬物相渾淪而未相離也。"

虚"《原旨》卷四，曰"道之爲物十，其一則太極"《原旨》卷三，皆至論也。閉門造車，出戶合轍，①信矣其有人！乃若此經，上下古今之故，頓見五千言間，則又爲之推闡明備，益信其非空言。老君道遡太初之先，神游浩古之上，身歷有周之末，天下之變，何所不閱？用垂訓爲千萬世則，是何仁義之說，世或病之，而未之思也？大抵道德，以無極太極言；仁義禮智信，以陰陽五行言。所謂天地聖人芻狗民物，是爲不仁，《老子》五章："天地不仁，以萬物爲芻狗；聖人不仁，以百姓爲芻狗。"與六經《詩》《書》《禮》《樂》《易》《春秋》言仁無異旨。有如上德上仁，失道失德，絕仁絕智等論。②此則皇③而帝，④帝而王，⑤道有升降，而伯氏⑥假仁竊義僭禮鑿於智者所爲耳，《原旨》實契乎斯義。且謂"爲民

---

① 宋普濟《五燈會元》卷六：（僧）問："如何是閉門造車？"師（渤潭延茂禪師）曰："失却斑貓兒。"曰："如何是出門合轍？"師曰："坐地到長安。"宋沈作喆《寓簡》卷七："古老尊宿語言問答之間，未嘗覿面交談也，而說法度人，千里同音，如閉門造車，出門合轍，了無差異。非得道者能之耶？"

② 《老子》三十八章："上德不德，是以有德；下德不失德，是以無德。上德無爲而無以爲，下德無爲而有以爲。上仁爲之而無以爲；上義爲之而有以爲。上禮爲之而莫之應，則攘臂而扔之。故失道而後德，失德而後仁，失仁而後義，失義而後禮。"《老子》十九章："絕聖棄智，民利百倍；絕仁棄義，民復孝慈；絕巧棄利，盜賊無有。"

③ 皇：即三皇，傳說中的上古帝王，其說不一。或曰伏羲、神農、黃帝；或曰伏羲、神農、燧人；或曰伏羲、神農、女媧。

④ 帝：即五帝，傳說中上古時期的五位帝王，其說不一。或曰黃帝、顓頊、帝嚳、唐堯、虞舜；或曰伏羲、神農、黃帝、唐堯、虞舜；或曰伏羲、神農、黃帝、少昊、顓頊。

⑤ 王：即三王，夏商周三代之王，一說爲夏禹、商湯、周文王。

⑥ 伯氏：即五伯，春秋時五位霸主，其說不一。或曰齊桓公、晉文公、宋襄公、楚莊王、秦穆公；或曰齊桓公、晉文公、宋襄公、吳王闔閭、越王勾踐。

司命，不知有仁之生、禮之長、義之成，惟智藏是尚，是歲不春夏秋而常冬也"《原旨》卷四，旨哉！嗟乎！天道之流行，世道之推移，往而不返者，勢也。變而通之存乎人，① 斯經所以作。其曰"其精甚真，其中有信"《老子》二十一章，五常之信，五行之土，先天無極太極之道，萬變不能易，所謂誠也。成性行，因摭zhí，采摭經之要旨，書卷末歸之。

　　大德元成宗年號乙巳1305年上元天官誕辰，亦元宵節，西谷道人黎立武書。

---

　　① 《易·繫辭上》："極天下之賾者存乎卦，鼓天下之動者存乎辭，化而裁之存乎變，推而行之存乎通，神而明之存乎其人，默而成之，不言而信，存乎德行。"

道德玄經原旨序二

　　《道德》八十一章，注者三千餘家。南谷著《原旨》，首曰："《玄經》之旨，本爲君上告。"又曰："老聖作《玄經》，所以明皇道帝德也。"上兩句均見《原旨》卷一。大綱大領，開卷甚明。是經之在人間世，舒之彌六合，① 卷之入微塵，中固不可局一方。《原旨》能識其大者，則小者不能違也。《孟子·告子上》："先立乎其大者，則其小者不能奪也。"吾聞南谷嘗陪洞明"洞明眞人"祁志誠（1219—1293）：字信甫，號洞明眞人或洞明子，全眞教掌教入對，懷其耿耿者而未及吐。是書之作，殆其素蘊不得陳於當年，遂欲托之後世，得之者當不止漢文之治也。南谷亦奇矣哉！

　　大德乙巳小雪，嗣天師張與材序。

---

① 六合：天地四方。語出《莊子·齊物論》："六合之外，聖人存而不論；六合之內，聖人論而不議。"

道德玄經原旨序三

　　偪仄 bī zè，窘迫塵块 yǎng，塵俗中，胸次憒憒 kuì kuì，煩憂，愁悶，對俗人譚益不樂。南谷杜君扁舟過余，論議超然，有以開余意，相與登道場雲峰宿焉。夜參半，篝燈，出所爲《老子原旨》示余，不寐幾徹曉。

　　杜君博極群書，不但發明其宗旨而已。於某章曰"是堯舜之事也"，某章又曰"是禹、文王、武王之事也"。其説以爲老聃爲柱下史，① 所職者史，而百篇之《書》亦史也，故以《書》求之，余驚異焉。自司馬子長司馬遷，字子長以老韓同傳見《史記·老子韓非列傳》，千載不滿。河上公②注《老子》，頗及吐納導引之類。其後孫登、③ 陶弘景、④ 松靈仙人姓字不詳，傳隱居清溪山、唐道士成玄

---

　　① 柱下史：周秦官名，即漢以後的御史，因其常侍立於殿柱之下，故名。
　　② 河上公：亦稱河上丈人、河上真人，姓字不詳，傳爲西漢時道家人物，結草爲庵，居於河濱，故名。作《老子道德經章句》，在老學史上影響深遠。
　　③ 孫登：字仲山，太原中都人。官東晋尚書郎。少善名理，開道學重玄一宗，著《老子集注》。
　　④ 陶弘景（約456—536）：字通明，南朝齊梁時丹陽秣陵（今江蘇鎮江）人。歷宋、齊、梁三朝，中年後隱江蘇句容句曲山（茅山），自號華陽隱居，爲道教茅山派代表人物。精醫藥、煉丹、天文、曆算、方術、文學等。梁武帝時禮聘不出，然朝中大事，無不咨詢，時人稱"山中宰相"，卒謚貞白先生。著作七八十種，惜多亡佚。

英、① 張君相②輩，亦皆注《老子》，又近神仙家。王輔嗣③以《老子》解《易》，人或非之，然其解《老子》，則初不及《易》。至蘇子由即北宋文學家蘇轍，字子由，著有《道德真經注》（又稱《老子解》）直以"是謂襲明"爲釋氏之傳燈，④老子亦豈意其末流之至此也？

今杜君乃求之以帝王之書，參之以帝王之事，譬如披蒙昧，出幽深，明向正大，氣象頓殊，豈不甚韙 wěi，稱美！或者曰此蓋爲《原道》指韓愈《原道》解也。嗚呼！世未有能察杜君之用心者。夫道術久裂，《莊子·天下》："後世之學者，不幸不見天地之純，古人之大體，道術將爲天下裂。"人各私其私，競立門户，甚至保殘護缺，以相非詆，莫肯曠能舍己求爲真是之歸。杜君雖自號《原旨》，而不主一家，惟理是同，惟經是從，惟正是宗，務使天下後世無所置疑於其師之説，其用心蓋若此，可謂弘也矣！豈固與《原道》異哉？余固陋，於《原旨》未深究，姑論其大意云爾。

甲午1294年穀雨，陵陽牟巘 yǎn 書。

---

① 成玄英（608—669）：字子實，陝州（今河南三門峽市陝州區）人，唐初著名道教學者。貞觀五年（631），詔至京師，賜號"西華法師"，後流放郁洲（今江蘇連雲港東）。精研老莊，繼承和發揮道學"重玄"思想。著《道德真經義疏》《南華真經疏》等。

② 張君相：唐蜀郡（治今成都）岷山道士，生卒年不詳，著《道德真經集解》。

③ 王輔嗣：即王弼（226—249），字輔嗣，三國曹魏山陽高平（今山東金鄉縣西北）人，魏晉玄學的創始人和主要代表。弼幼而聰慧，通辯能言，尚玄談，爲人清傲。著《周易注》《周易略例》《老子道德經注》《老子指略》《論語釋疑》等。

④ 見蘇轍《道德真經注》二十七章"是謂襲明"注："救人於危難之中，非救之大者也。方其流轉生死，爲物所蔽，而推吾之明以與之，使暗者皆明如燈，相傳相襲而不絕，則可謂善救人矣。"宋陳振孫《直齋書錄解題》云："'是謂襲明'，以爲釋氏傳鐙之類。"傳燈，亦作傳鐙，佛家指傳法。佛法猶如明燈，能破迷除暗，故稱。

道德玄經原旨序四

　　爲老氏學者，率右老而左儒。列、莊二子，務尊其師，至詆訾zǐ，詆毀堯、舜、孔子，用以相形，故儒者指爲異教，孔、老之學遂岐而二。然老教非果與儒戾hù，反也？彼其爲道，超有以用無，集虛以化實，直欲易聖智仁義以素樸。世儒往往駭於絶棄之言，夫豈知其矯也，而非真歟？故善用其意，則西漢以清静治；不善循其迹，則西晋以清虚亡。豈必弛縱繩墨，異吾所謂道哉？

　　南谷杜君之爲是學也，不以道家説訓老氏書，獨援儒以明之。章研句析，而前後相蒙，不喜爲破碎，引類比義，悉舉五三帝王、孔孟之道，傳諸其説，如五色青、赤、黄、白、黑隨物賦采，而調適以爲絢也；如五音宫、商、角、徵、羽清濁高下之相諧，而繹如相續不絶成樂也；《論語·八佾》："樂其可知也：始作，翕如也；從之，純如也，皦如也，繹如也，以成。"如三十輻一轂gǔ，車輪的中心部分，中有圓孔，用以插軸。見《老子》十一章"三十輻共一轂，當其無，有車之用"，殊塗東西，行而卒合轍也，吾見其若一而已。夫老教欲復結繩之治，① 則羲伏羲、農神農邃古之事也。其谷神之論祖黄帝，其尚無

---

　　① 結繩之治：指道家理想中的上古時期天下清平、無爲而治的社會狀態。《老子》八十章："小國寡民……使民復結繩而用之。"《易·繫辭下》："上古結繩而治，後世聖人易之以書契。"

爲類舜，貴不伐不矜類禹。諸微言眇 miǎo，精微幽眇旨，與六經合者，不可一二舉。觀於衆甫萬物之始。《老子》二十一章："自古及今，其名不去，以閱衆甫。"之會，謂孔、老不爲一家，吾不信也。杜君以上士聞道，《老子》四十一章："上士聞道，勤而行之；中士聞道，若存若亡；下士聞道，大笑之，不笑不足以爲道。"由徼而妙，《老子》一章："故常無，欲以觀其妙；常有，欲以觀其徼。"合異而同，太史公指司馬遷之父司馬談所謂道家精神專一，采儒之善者，① 非邪？

始余弱冠，官吳興，嘗泛奉溪，今老矣。一日，君往記介余友，示以所爲《原旨》之書。余雖不盡究其義，竊歎君之貫穿融液，可謂勤且博矣。覽者當自詳之。

粤遺民徐天祐斯萬父書于一初山房。

---

① 漢司馬談《論六家要旨》："道家使人精神專一，動合無形，贍足萬物。其爲術也，因陰陽之大順，采儒、墨之善，撮名、法之要，與時遷移，應物變化，立俗施事，無所不宜。"

道德玄經原旨序五

余愛太史公記西都指長安（今陝西西安）孝文即漢文帝劉恒時，人民樂業，年六七十翁嬉戲如小兒。太平盛際，猶可想見。豈非學黃老師清净致然哉？漢固不足徵也。

老氏之書大要，言無爲不争，此隆古遠古帝王之事，雖湯、武猶難之。當周之衰，紫氣度關而西也，感慨時變，述五千言而後行。① 其辭隱，其旨深，其望於當世也厚。書既傳，非無宗尚其學者。刑名深刻之術、② 神仙玄遠之説，不能相發，而返以相病。況注者以百數，又不皆究其著經之本意。

南谷杜君《原旨》最後出，乃斷之曰："是吾師探古史而作，以述羲、軒、堯、舜之道者也。"蓋老氏職藏室史，③ 舊聞

---

① 《史記·老子韓非列傳》："老子……居周久之，見周之衰，迺遂去至關，關令尹喜曰：'子將隱矣，彊爲我著書。'於是老子迺著書上下篇，言道德之意五千餘言而去，莫知其所終。"

② 刑名深刻之術：指戰國時以申不害、韓非等爲代表的"刑名之學"，主張循名責實，慎賞明罰。《史記·老子韓非列傳》："申子之學，本於黄老，而主刑名。"《韓非子·二柄》："人主將欲禁姦，則審合刑名。"

③ 藏室史：周職官名，掌管周王朝圖書典籍的史官。《史記·老子韓非列傳》稱老子爲"周守藏室之史也"，唐司馬貞《索隱》："藏室史，周藏書室之史也。"

未遠，垂衣①結繩之治，粲然在目。文莫信於史，以古史徵之，而使人易信，實自今杜君始。班固論道家清虛自守，合於堯之讓，②視君略焉。抑固之《志》，九流③析儒與道，道原於天，聖聖之所授受。夫不知其名，字之曰道，而專以是名家，果老氏意耶？向今用其説，粹然壹返乎古孔氏之道，亦將有助矣。君出儒家，從老氏學，能不私所主，而折衷二者之間，賢哉！

余雖愚昧，未究厥旨，異時計籌山中，分白雲半席地，質疑辨惑，當有得於言語文字之外者。

山陰今浙江紹興王易簡理得父書。

---

① 垂衣：指定衣服之制，示天下以禮。後用以稱頌帝王無爲而治。《易·繫辭下》："黃帝、堯、舜垂衣裳而天下治。"

② 汉班固《漢書·藝文志》："道家者流，蓋出於史官，歷記成敗存亡禍福古今之道，然後知秉要執本，清虛以自守，卑弱以自持，此君人南面之術也。合於堯之克攘，《易》之嗛嗛，一嗛而四益，此其所長也。"

③ 九流：指先秦儒家、道家、陰陽家、墨家、法家、名家、縱橫家、雜家、農家等九個學術流派。《漢書·叙傳下》："劉向司籍，九流以別。"《漢書·藝文志》："諸子十家，其可觀者九家而已。"

道德玄經原旨卷之一

教門高士當塗杜道堅注

《經》曰：道可道，非常道；名可名，非常名。無，名天地之始。有，名萬物之母。常無，欲以觀其妙；常有，欲以觀其徼。此兩者，同出而異名，同謂之玄。玄之又玄，眾妙之門。一章。

《原旨》曰：天，群物之祖；道，天之祖。天不言，道何可言？可言非道歟。曰不可道，不可名，自然之天，常而不變，先天也；可道，可名，生物之天，變而不常，後天也。于以見天地始，萬物母。徼妙、有無、又玄、眾妙，包括大造化之元，殆無餘矣。觀常無之妙，則見無名之始；觀無名之始，則見無極太極也。觀常有之徼，則見有名之母；觀有名之母，則見兩儀萬物也。此兩者本同乎始，出於母，而異其名。兩之又兩之，則見"玄之又玄，眾妙之門"也。生物之天，由此大著；自然之天，隱然長存。形而上，形而下，天此道，吾此道，不言之言，無名之名，已不勝眾，奚假多言哉？天不言，聖人亦欲無言。①

惜哉！"高言不止於眾人之心，至言不出，俗言勝也"《莊

---

① 《論語·陽貨》："子曰：'予欲無言。'子貢曰：'子如不言，則小子何述焉？'子曰：'天何言哉？四時行焉，百物生焉。天何言哉？'"

子·天地》。是以聖人不言，終不容於不言。當時，玄聖①西遊，關令尹喜②知其大道將隱，强爲著書，不得已而言曰："道可道，非常道；名可名，非常名。"關尹子曰："道，不可道；不可道，即道。"③ 正爲此道解也。天地定位其間，《易·説卦》："天地定位，山澤通氣，雷風相薄，水火相射，八卦相錯。"二氣復合爲一，是謂冲和。《老子》四十二章："萬物負陰而抱陽，冲氣以爲和。"冲和具太極之體，爲生化化生萬物之根。三才④立而人道興焉。《書》曰："惟天地萬物父母，惟人萬物之靈。"《尚書·泰誓》。

自"常無"以上言天道，以下言人道。人能觀天道而修人道，未有不入聖人之域者也。《陰符經》曰："觀天之道，執天之行，盡矣。""常無"，先天也，觀妙則見固有之吾在；"常有"，後天也，觀徼則見不亡之吾在。原其始，則無形而生有形；要其終，則有形而歸無形。觀諸日用常行，事物之去來，吾心之動静，曾不外乎此道也。此兩者同出一道而異其名。同，同此道也。玄，一而二，二而一也。玄之似無而有，又玄似有而無。

---

① 玄聖：有大德而無爵位的聖人，此指老子。《莊子·天道》："以此處上，帝王天子之德也；以此處下，玄聖素王之道也。"

② 尹喜：春秋末人，早期道家代表人物之一，生卒年不詳。傳爲函谷關令，故稱關尹。老子西遊至關，喜望見紫氣，知有真人當過，遂執弟子禮，得授《道德經》。後隨老子西去，莫知所終。《莊子·天下》稱老子與關尹爲"古之博大真人"。元順帝至元三年（1266），加封爲"文始尹真人""無上太初博文文始真君"。《漢書·藝文志》載其著作《關尹子》，原本已佚，今本疑係僞托。

③ 語出《關尹子·一字》："非有道不可言，不可言即道；非有道不可思，不可思即道。"

④ 三才：指天、地、人之道。《易·説卦》："立天之道曰陰與陽，立地之道曰柔與剛，立人之道曰仁與義。兼三才而兩之，故《易》六畫而成卦。"又《易·繫辭下》："有天道焉，有人道焉，有地道焉，兼三才而兩之，故六。六者非它也，三才之道也。"

"衆妙"，萬物也。

門有出入之義，萬物出於機而入於機。機即自然、造化，亦即道。《莊子·至樂》："萬物皆出於機，皆入於機。"身具天地，心具太極，知而未嘗生，未嘗死也。於戲同"嗚呼"！聖人之心，天地之心。觀天地之朝霏暮靄，變化靡常，而太虛自若，則知聖人日應萬機，其心寂然，而天性自若也。吾嘗曰：天地大吾身，吾身小天地。若堯之"蕩蕩乎！民無能名焉"《論語·泰伯》者，可謂有道聖人也已。

《經》曰：天下皆知美之爲美，斯惡已；皆知善之爲善，斯不善已。故有無之相生，難易之相成，長短之相形，高下之相傾，聲音之相和，前後之相隨。是以聖人處無爲之事，行不言之教。萬物作而不辭，生而不有，爲而不恃，功成不居。夫惟不居，是以不去。二章。

《原旨》曰：道獨立不偶，一有對待則物也。物形物，美惡善否生焉。若"天地有大美而不言"《莊子·知北遊》，堯有大善而不知，則亦何惡何不善之有？一有自矜自伐，欲人知己之心，則美反爲惡，善斯不善矣，況欲天下皆知乎？古人有善，惟恐人知；今人有善，恐人不知。薄亦甚矣！《玄經》之旨，本爲君上告。君上，天下之師長也。上有所好，下必從之。《書》曰："惠迪吉，從逆凶，惟影響。"《尚書·大禹謨》。噫！非影動形，形動影也；非谷動聲，聲動谷也。可不慎諸！故有無、難易、長短、高下、聲音、前後，斯六者，相生相成，相形相傾，相和相隨，皆有對待，理所必然。是以聖人事處無爲，教行不言。無爲非不爲也，行其所無事也；不言非不言也，無法令告戒之煩也。任民物之自作、自生、自爲而不辭、不有、不恃，所以能成生物之功。功成復不自居其功，是以功不我去。一或不然，功其去矣。《經》凡稱聖人者，自玄古之君，至堯而止。舜而下則稱王、稱公侯、稱善人、君子、大丈夫。德有隆殺shài，猶高下、厚薄，義存褒貶，學者當具古人眼目，向周季以前觀之。

《經》曰：不尚賢，使民不爭；不貴難得之貨，使民不爲盜；不見可欲，使民心不亂。是以聖人之治，虛其心，實其腹，弱其志，強其骨。常使民無知無欲。使夫知者不敢爲也。爲無爲，則無不治矣。三章。

《原旨》曰：老聖作《玄經》，所以明皇道帝德也。天下之大，事物之衆，可有於天下，不可有於我。上之人，一以我之賢於人者自尚，貨之難得者自貴，心之可欲者自見，則下之人，亦將以是三者爲心，必爭、必盜、必亂。惟其我之不欲，故雖賞之不竊也。是以聖人之治天下也，必先虛吾之心，不爲事窒；實吾之腹，不使邪入；弱吾之志，不與物競；強吾之骨，不以力敵。常使民無越分之知、僭上之欲。雖有智如龍伯大人，① 六鼇可釣，不敢有一毫越分僭上之爲，惡有所謂亂臣賊子者哉？夫玄古之君天下也，爲無所爲，故無所不治矣。

《經》曰：道沖而用之或不盈。淵兮，似萬物之宗。挫其銳，解其紛，和其光，同其塵。湛兮，似或存。吾不知誰之子，象帝之先。四章。

―――――――

① 龍伯大人：神話傳說中龍伯國的巨人。《山海經·大荒東經》："有波谷山者，有大人之國。"晉郭璞注引《河圖玉版》曰："從昆侖以北九萬里，得龍伯國人，長三十丈，生萬八千歲而死。"《列子·湯問》："龍伯之國有大人，舉足不盈數步而暨五山之所，釣而連六鼇。"

《原旨》曰："官取法天地，府包藏萬物"《莊子·德充符》者，心也。心者，道之樞。《莊子·齊物論》："彼是莫得其偶，謂之道樞。樞始得其環中，以應無窮。"人莫不有是心，心莫不有是道。惟其冲虛妙用，淵靜有容，故能包裹六極，不見其盈；知周萬物，《易·繫辭上》："與天地相似，故不違。知周乎萬物而道濟天下，故不過。"不離其宗。一睽 kuí，乖離此道，爲物所奪，則茅塞之矣。當應事接物之頃，必先正其在我者，則彼者自不能亂。微覺紛銳撓中，便當挫解净盡，自然可以和同光塵，相安無事。夫如是，則吾之冲虛妙用，靈明洞徹，潛吾方寸，湛兮若存矣。以爲吾則不知爲誰氏之子，以爲非吾則又象我，神帝之先者在焉。自非清明在躬，志氣如神者，孰能知此？

《經》曰：天地不仁，以萬物爲芻狗；聖人不仁，以百姓爲芻狗。天地之間，其猶橐籥 tuó yuè，風箱乎！虛而不屈，動而愈出。多言數窮，不如守中。五章。

《原旨》曰：天職司覆，地職司載，聖職司教化，《列子·天瑞》："天職生覆，地職形載，聖職教化，物職所宜。"俾 bǐ，任萬物百姓各遂其生。成而不以爲仁，仁其至矣。不以爲仁，故無責報之心。況之芻狗，故無棄物之意。譬如國家之祭享，束芻爲狗，以奠神明。方其祭也，雖芻狗之微必設。及其已陳，雖文繡之貴必撤。曾何以貴賤二吾之心哉？理當而已。矧 shěn，何況萬物百姓，天地賴之以成覆載之德，聖人賴之以成教化之功，待之當何如耶？觀乎天地之間，如橐籥然。虛而有容，故能不屈；動不失中，故能愈出。夫"天籟之吹萬不同，使其自己也，咸其自取，怒者其誰耶！"《莊子·齊物論》聖人之於百姓亦然。一或舉事多言，教令煩數，數則窮矣。當視天地橐籥，虛心體道，"允執厥中"。《尚書·

大禹謨》:"人心惟危，道心惟微，惟精惟一，允執厥中。"此堯之所以恭默無爲，一視同仁而天下治也。

《經》曰：谷神不死，是謂玄牝 pìn。《說文》云"畜母也"，即雌性獸類。**玄牝之門，是謂天地根。綿綿若存，用之不勤。**六章。

《原旨》曰：谷神，太極也。太極中虛，谷神在焉。天此谷神，人此谷神。其爲谷也，玄同陰陽，包涵造化，神則"妙萬物而爲言"《易·說卦》也。惟其不死，故能生化無窮。玄牝，陰陽也。門則乾坤其《易》之門。《易·繫辭下》："乾坤，其《易》之門邪！"根則萬化之所由生。"綿綿若存"，今古不息也。"用之不勤"，出乎自然也。此承上章橐籥天地餘旨，發明吾心太極、吾身天地之道，與造化者同流，而未嘗生、未嘗死也。蓋谷虛善應，以况吾心；神靜故靈，以喻吾性。觀寂然之中，而有感通之妙，《易·繫辭上》："《易》無思也，無爲也，寂然不動，感而遂通天下之故。"乃見不死。然神非氣不生，氣非神不靈，言神則氣在焉。神氣混融，乃見玄牝。玄根于天，有父之德，神之元也；牝根于地，有母之德，氣之元也。玄牝，吾身之天地乎！門則神氣朝元交往之所，若有乎入入出出，而莫見其門，吾身之闔闢 hé pì，閉合與開啟可見。根則神氣歸元混融之地，若有乎生生化化，而莫見其根，吾身之太極可見。觀若存於綿綿之中，而有不勤之用。以知老聖由商歷周九百餘歲，當時修道養壽之要盡於此矣。

《列子》中亦有此章，然不言出於老子，而言"《黃帝書》曰"，① 則知老子五千文，引用《墳》《典》古語爲多。如《經》中凡稱"是以聖人"、稱"古之所謂"、稱"建言有之"、稱

---

① 語見《列子·天瑞》："《黃帝書》曰：'谷神不死，是謂玄牝。玄牝之門，是謂天地根。綿綿若存，用之不勤。'"

"故聖人云"、稱"用兵有言",是皆明露申述古聖遺言。故孔子"述而不作",竊有比焉。惟"信而好古"者,可與言此道。《論語·述而》:"子曰:'述而不作,信而好古,竊比我於老彭。'"

《經》曰:天長地久。天地所以能長且久者,以其不自生,故能長生。是以聖人後其身而身先,外其身而身存。非以其無私耶?故能成其私。七章。

《原旨》曰:天之長,地之久,蔑以加矣。然則"天地之所以能長且久"者,何道而致哉?天地之心,與物為一,能生生而不以自生為生,故物無害者,乃得長生如此。是以聖人觀道執行,而無一毫有己之私,惟知先天下而後吾身,內此道而外吾身。然則後之而不免先者,人推之也;外之而不免存者,物無傷也。身乃吾之至親,而以之自後自外,本無私焉。後之外之而自先自存,私自成矣。是豈聖人有心於私耶?"以其無私","故能成其私"爾,私已也。聖人"官天地、府萬物",未嘗獨私其生。惟不自生,故生意長在。

《經》曰:上善若水。水善利萬物而不爭,處眾人之所惡,故幾於道。居善地,心善淵,與善仁,言善信,政善治,事善能,動善時。夫惟不爭,故無尤。八章。

《原旨》曰:上善,至善也。水性至善。上善之人,其性謙下,有水之德。"禹作司空",① 當是時也,已得水性之善,故能

---

① 語出《尚書·舜典》:"僉曰:'伯禹作司空。'帝曰:'俞,咨禹,汝平水土,惟時懋哉!'"司空,官名,傳少昊時置,周時為六卿之一,亦稱冬官,掌水土營建之事。漢改御史大夫為大司空。後世用作工部尚書的別稱。

盡水之性，而成平水之功，由上善而優入聖人之域。此無他，行其所無事而已。孟氏言"人無有不善，水無有不下"《孟子·告子上》，蓋有由也。水利物不爭，處衆所惡，故近於道。水之善衆矣，《經》舉其七，餘可類推。安其所處，"居善地"也；澄鑑不撓，"心善淵"也；澤物無私，"與善仁"也；潤下不易，"言善信"也；柔以勝強，"政善治"也；載重浮輕，"事善能"也；消長不失，"動善時"也。人能師水之德，處己以善，與物無爭，則亦何尤之有？舜、禹授受之際，是宜拳拳以不矜不伐莫與爭。能爭功者，惟禹賢也。

《經》曰：持而盈之，不如其已；揣 zhuī，捶擊而銳之，不可長保。金玉滿堂，莫之能守；富貴而驕，自遺其咎。功成名遂身退，天之道。九章。

《原旨》曰：謙益滿損，《尚書·大禹謨》："滿招損，謙受益，時乃天道。"剛折柔存，天理之必至。故知盈貴自抑，銳當亟挫，《老子》第四章："挫其銳。"《莊子·天下篇》："銳則挫矣。"明哲保身①之道也。使持盈而不知戒，揣銳而不善藏，器滿必傾，鋒利則折，其不可長保明矣。金玉滿堂，誰其能守？富貴驕人，自遺其咎。世之據高位、佩重印，驕奢淫佚，莫知止足，一旦鼎折餗 sù 覆，②莫保要領，俱不得正命。曾乃，竟不如箕山一瓢、③ 五湖一舟之

---

① 《詩·大雅·烝民》："既明且哲，以保其身。"晋葛洪《抱朴子·仁明》："明哲保身，《大雅》之絶蹤也。"

② 鼎折餗覆：喻指知小而謀大，力薄而任重，必致禍殃。《易·繫辭下》："鼎折足，覆公餗，其形渥，凶。言不勝其任也。"

③ 箕山一瓢：简稱"箕瓢"。傳說許由隱居箕山之下、潁水之陽，躬耕自食，以手掬飲，人遺一瓢，掛於樹，風吹歷歷作聲，以爲煩，遂棄之。後以"箕山一瓢"爲隱居思静之典。

爲得也。乃知功不在大，知止者成；名不在高，知足者遂。世之超出利網，脱去名繮，身退急流，自全天道者，幾何人哉？功成身退，天之道，惟堯舜得之。

《經》曰：載營魄抱一，能無離乎？專氣致柔，能如嬰兒乎？滌除玄覽，能無疵乎？愛民治國，能無爲乎？天門開闔，能爲雌乎？明白四達，能無知乎？生之畜之。生而不有，爲而不恃，長而不宰，是謂玄德。十章。

《原旨》曰：知脩身然後知治國。身猶國也，百骸猶衆民也，故君子不可以不脩身。人之生也，身載營魄，合而一之，抱之能無離乎？不離則一矣。氣爲百骸之主，"專氣致柔，能如嬰兒乎"？如嬰兒則柔矣。玄不可覽，滌除所見，"能無疵乎"？無疵則玄矣。"愛民治國"，貴保以安，"能無爲乎"？無爲則安矣。"天門開闔"，貴守以静，"能爲雌乎"？雌則静矣。"明白四達"，貴無所窒，"能無知乎"？無知則不窒矢。① 人能體此六能，脩身治國，生之以道，畜之以德，物我各遂其自然，生之、爲之、長之，而不有、不恃、不宰，此陶唐氏之民，所以"不識不知"，"帝力何有"。② 是之謂玄德。

《經》曰：三十輻，共一轂 gǔ，車輪的中心部分，中有圓孔，用以插軸，**當其無，有車之用。**埏 shān，和揉埴 zhí，粘土**以爲器，當其**

---

① "矢"，疑誤，《正統道藏》《中華道藏》《老子集成》諸本均作"矣"，據上下文語境，當爲"矣"之形訛。

② "不識不知"，語出《列子·仲尼篇》所載《康衢謡》："立我烝民，莫匪爾極。不識不知，順帝之則。""帝力何有"，語出《帝王世紀》所載《擊壤歌》："日出而作，日入而息。鑿井而飲，耕田而食。帝力於我何有哉！"二者均傳爲堯時歌謠。

無，有器之用。鑿戶牖以爲室，當其無，有室之用。故有之以爲利，無之以爲用。十一章。

《原旨》曰：聖人觀象制器，① 利用天下，蓋有取焉。動圓靜方，天地之象。其中空虛，天地之用。氣而日月星辰，形而山川草木。有在無中，無在有中，無不容也。車中作"三十輻，共一轂"，輪圓象天，輿方象地，車之有也。其中空虛，車之無也。當其無中，有車之用。觀其轂虛能轉，輿空能載，則知有形爲無形之利，無形爲有形之用，妙在其中矣。《經》言車、輻、轂，不言輪輿軾、轍者，言車則全體在焉。埏埴爲器，鑿戶牖爲室，其道亦然。道言有無，《易》言動靜，一也。明道之無，則見《易》之靜。明《易》之動，則見道之有。有無之義，動靜之機，大矣哉！

《經》曰：五色令人目盲，五音令人耳聾，五味令人口爽，馳騁田獵，令人心發狂，難得之貨，令人行妨。是以聖人爲腹不爲目，故去彼取此。十二章。

《原旨》曰：聖人在上，爲民師表，天下取法焉。上之所好，下必從之，猶風雲之於龍虎，水火之於濕燥，② 不待召而應也。故凡虛華不實，害於民生者，去而弗取。知五色炫燿，盲人之目，則不事華飾而守純素；知五音嘈雜，聾人之耳，則不事淫哇而守靜默；知五味肥醲 nóng，亦作"肥膿"，指厚味爽傷害人

---

① 《易·繫辭上》："《易》有聖人之道四焉：以言者尚其辭，以動者尚其變，以制器者尚其象，以卜筮者尚其占。"
② 《易·乾·文言》："子曰：同聲相應，同氣相求。水流濕，火就燥，雲從龍，風從虎，聖人作而萬物睹；本乎天者親上，本乎地者親下，則各從其類也。"

之口，則不事珍饈而守淡泊；知田獵馳騁，狂人之心，則不事般遊而守安常；知貴貨難得，妨人之行，則不事世寶而守天爵。① 是五者皆目前之侈靡，蕩搖真性，無益民生，非實腹固本悠久之道也。是以聖人爲腹之實，不爲目之華，"故去彼取此"，而躬行儉約。爲民之勸，將使天下自化，人各自足，無外好之奪，天下治矣。

《經》曰：寵辱若驚，貴大患若身。何謂寵辱？寵爲下，得之若驚，失之若驚，是謂寵辱若驚。何謂貴大患若身？吾所以有大患者，爲吾有身，及吾無身，吾有何患？故貴以身爲天下，若可寄天下；愛以身爲天下，若可托天下。十三章。

《原旨》曰：聖人貴身以道，眾人貴身以名，"大有徑庭"②矣。貴身以道，無爲也；貴身以名，無不爲己。"寵辱若驚"，有寵斯有辱，可不驚乎？"貴大患若身"，貴身貴名，其患均矣。"何謂寵辱？"寵爲下，名斯可見，得之若驚，失之若驚，患得患失，③兩若可驚。"何謂貴大患若身？""吾所以有大患者，爲吾有身。"有身著物也，著物則不免於名累；無身忘物也，忘物則名累脫矣。此蓋爲眾人貴身以名者言也。聖人貴身以道，何患之有？知名不足貴，則見身貴。知身不足貴，則見道貴。見道貴

---

① 天爵：天然的爵位。指高尚的德性，因德高則受人尊敬，勝於有爵位，故稱。《孟子·告子上》："仁義忠信，樂善不倦，此天爵也；公卿大夫，此人爵也。"

② 《莊子·逍遥遊》："肩吾問於連叔曰：'吾聞言於接輿，大而無當，往而不返。吾驚怖其言，猶河漢而無極也；大有逕庭，不近人情焉。'"

③ 《論語·陽貨》："子曰：'鄙夫，可與事君也與哉？其未得之也，患得之；既得之，患失之。苟患失之，無所不至矣。'"

则吾何患焉？韓魏争地，子華子①説昭僖侯即韓國昭侯，以廢兩臂而與天下，僖侯不諾，是兩臂重於天下也。"韓魏争地"以下，事見《莊子·讓王》。身亦重於兩臂，道更重於身矣。君子不得已而臨莅天下，必能以貴身爲天下貴，若可任天下之寄；以愛身爲天下愛，若可任天下之托。貴言其位，愛言其德。貴位故可寄，愛德故可托。然知位可去，德不可去，則寵辱者輕，吾何患焉？

《經》曰：視之不見名曰夷，聽之不聞名曰希同"稀"，搏之不得名曰微。此三者不可致詰，故復混而爲一。其上不皦jiǎo，明亮，其下不昧，繩繩紛紜不絕貌兮不可名，復歸於無物。是謂無狀之狀，無物之象，是謂惚恍。迎之不見其首，隨之不見其後。執古之道，以御今之有，能知古始，是謂道紀。十四章。

《原旨》曰：人不可以不知道，道不可以不知古。古必有始，始必有物焉。天下之物衆矣，何物非道？何道非物？不可得而名也。求之以視、以聽、以搏，夷而不可見，希而不可聞，微而不可得，則又詰之以言，而不可致，"故復混而爲一"。觀其上而不皦，觀其下而不昧，繩繩兮不可以名名，則又"復歸於無物"也。"無狀之狀，無物之象"，惚惚恍恍，"迎之不見其首，隨之不見其後"。于以見無物非道，無道非物。道之爲道也如此。人能執此古始妙無之道，以御今之妙有之形，不惟獨善吾身，亦可以紀綱天下。同歸於道，孰肯物爲事哉？以俗物爲務。《莊子·逍遥遊》："是其塵垢粃糠，將猶陶鑄堯舜者也，孰肯分分然以物爲事？"

---

① 子華子：春秋末期晋國人（一説戰國時魏國人），其學以"全生""貴生""養生"爲本，主張"六欲皆得其宜""動以養生""以智養生"，認爲"全生爲上，虧生次之，死次之，迫生爲下。"其學説與事迹散見於《莊子》《列子》《吕氏春秋》等典籍。

《經》曰：古之善爲士者，微妙玄通，深不可識。夫惟不可識，故强爲之容。豫謹慎兮若冬涉川，猶兮警惕若畏四鄰，儼端嚴若客，渙和融若冰將釋，敦敦厚兮其若樸，曠空豁兮其若谷，渾渾樸兮其若濁。孰能濁以靜之徐清？孰能安以動之徐生？保此道者不欲盈自滿，顯露。夫唯不盈，故能弊通"敝"，故，舊。不新成。十五章。

《原旨》曰："古之善爲士者"，抱道安常，隱德自修，與世波流，"不自滿假"，《尚書·大禹謨》："克勤於邦，克儉於家，不自滿假。"自得微妙玄通之理，衆人固不識也。"夫惟不可識，故强爲之容。"如下文七若，皆中立不倚、"和而不流"之義。指中正獨立，和而不同。《禮記·中庸》："故君子和而不流，强哉矯！中立而不倚，强哉矯。""豫兮若冬涉川"，不躁進也。"猶兮若畏四鄰"，不妄動也。"儼若客"，不放肆也。"渙若冰將釋"，無凝滯也。"敦兮其若樸"，不雕琢也。"曠兮其若谷"，無窒碍也。"渾兮其若濁"，無矯暴也。孰能濁以靜之徐清哉？孰能安以動之徐生哉？人道之治亂安危，猶天道之盈虛消息，動極則靜，靜極則動。使屈原而知此道，則忠而不必沉，伯夷①而知此道，則清而不必餓。故曰："保此道者不欲盈"，無必遂己之心。惟無必遂己之心，"故能弊不新成"，《老子》二十二章："敝則新。"言守常無大變易也。老聖歷商、周二代，三度散關，② 四入史館，優游九百餘年，而晚適流

---

① 伯夷：商朝末年孤竹國君長子。相傳孤竹君欲立其次子叔齊爲繼承人，孤竹君死後，叔齊欲讓位於伯夷，伯夷以父命爲尊，不受，遂逃之。叔齊亦不肯立，亦逃之。周武王伐紂，二人叩馬諫阻。武王平殷亂，天下宗周，二人恥食周粟，遂隱於首陽山，采薇而食，餓死在山中。其志節爲孔孟儒家所標舉，孔子尊其爲"古之賢人"，孟子更譽其爲"聖之清者"。

② 散關：即大散關，周朝散國之關隘，故稱散關。位於今陝西寶雞西南大散嶺上，當秦嶺咽喉，扼川陝交通，爲古代兵家必争之地。

沙，莫知所終，所以爲善也。

《經》曰：致虛極，守靜篤。萬物並作，吾以觀其復返歸，復歸。夫物芸芸，各復歸其根。歸根曰靜，靜曰復命，復命曰常，知常曰明。不知常，妄作凶。知常容，容乃公，公乃王，王乃天，天乃道，道乃久，殁身不殆。十六章。

《原旨》曰：萬物之先有天地，天地之先有太極，太極之先至虛至靜，有一未形者在此，其爲天地之根也。然不曰"致太極"而曰"致虛極"者，虛極即無極也。當虛極靜篤之初，"萬物並作，吾以觀其復"，則天地之心見矣。《易·復·彖》："復，其見天地之心乎。""夫物芸芸，各復歸其根。歸根曰靜，靜曰復命，復命曰常，知常曰明。"由此觀之，則吾之歸于根復于命者，可以知其常明也。"不知常，妄作凶"，去道遠矣。"知常容"，靜而虛也。"容乃公"，虛而大也。"公乃王"，大而天下歸往也。"王乃天"，人法天也。"天乃道"，天法道也。"道乃久"，道法自然也。《老子》二十五章："人法地，地法天，天法道，道法自然。""殁身不殆"，則吾之太極之先，有一至虛至靜未形者在，其不殆也明矣。

《經》曰：太上，下知有之；其次，親之，譽之；其次，畏之，侮之。信不足，有不信。猶兮其貴言。功成事遂，百姓謂我自然。十七章。

《原旨》曰：太古之世，巢居穴處，無賦斂征役之爲，無禮樂刑法之事，無典謨訓誥即《尚書》之《堯典》《大禹謨》《伊訓》《湯誥》諸篇，泛指一切典章之言，下知上之有君，上知下之有民，熙熙和樂貌自然無爲而已。其次，三皇既作一畫，既陳書契，罔罟 wǎng gǔ，捕魚及鳥獸的網具、耒耜、舟車，以教天下，天下始有爲矣。民蒙其利，天下親之。其次，五帝作而禮樂法度興焉。民獲其安，天下譽之。其次，啟夏啟。禹之子，夏朝第二任君主攻有扈古國名，故址在今陝西户縣北。夏啟立，有扈不服，遂滅之，湯放桀，武王伐紂，干戈斯張，天下畏之。其次，昭王南征，① 夷王下堂，② 平王東遷，③ 請隧、問鼎，④ 天下侮之。此無他，上之人信有不足於下，下之人信有不及於上矣。如唐堯之治，"不識不知"見《原旨》釋經文十章之脚注，而"民無能名"《論語·泰伯》者，尚何言之可貴？《禮》不云乎："太上立德，其次立功，其次立言。"⑤ 弗獲己也。噫！由太古至於五伯，觀夫下知有之，親譽畏侮，凡數言而不言一古人名字，包括幾千百世，隱然可推，可謂玄也已矣。吾是以知爲無名古史也。《關子》即《關尹子》亦云："堯、舜、禹、湯之治天下，天下皆曰自然。"《關尹子·極》。

《經》曰：大道廢，有仁義；智慧出，有大僞；六親不和，

---

① 昭王南征：周昭王，姬姓，名瑕，周康王姬釗之子，周朝第四代君主。曾多次率師南征荆楚，昭王十九年伐楚，全軍覆没，死於漢水之濱。

② 夷王下堂：周夷王，姬姓，名燮，西周第九代君主。在位時國勢日衰。夷王元年（前895），諸侯朝見時，夷王下堂而迎接諸侯。《禮記·郊特牲》曰："覲禮，天子不下堂而見諸侯。下堂而見諸侯，天子之失禮也，由夷王以下。"

③ 平王東遷：周平王，姬姓，名宜臼，周幽王之子。幽王無道，後爲犬戎所殺，諸侯迎立宜臼爲王。公元前770年，平王遷都雒邑（今河南洛陽），是爲東周。

④ 請隧：請求隧葬。隧葬，天子的葬禮。《左傳》僖公二十五年："晋侯朝王。王享醴，命之宥。請隧，弗許。"問鼎，《左傳》宣公三年："楚子伐陸渾之戎，遂至於雒，觀兵於周疆。"請隧、問鼎，指諸侯有覬覦天子寶座之野心。

⑤ 原文非出自《禮》，而出自《左傳》襄公二十四年："太上有立德，其次有立功，其次有立言，雖久不廢，此之謂不朽。"

有孝慈；國家昏亂，有忠臣。十八章。

《原旨》曰：三皇出而大道廢〔廢，樸散之始也〕，五帝①作而有仁義，三王興而智慧出，五伯起而有大②僞。此承前章餘旨，發明皇道帝德，王伯智僞，世德下衰，益降益薄，而忠孝所由彰也。豈非天運流行有不容不爾者乎？噫！玄古以下，吾不得而考也。如陶唐之世，比屋可封，③孰爲忠臣，孰爲孝子者哉？由大舜不幸而有瞽瞍之父、傲象之弟，觀其浚井完廩，象日以殺舜爲事，然舜之心終必瞽瞍底豫而後慊，④惟其有頑父傲弟之難處，所以見大舜之孝慈也。非桀殘虐，則龍逢即關龍逢，夏末名相。因夏桀荒淫暴虐而多次直諫，被桀所殺不殺；非紂淫亂，則比干殷紂王叔父，殷末名相，紂王淫亂，殘害賢臣，比干忠諫，被剖心而死不以諫死，何以見諸臣之忠乎？故親和則孝之名隱，而孝未嘗不在也；世治則忠之名晦，而忠未嘗不在也。嗚呼！忠孝彰彰於天下，則仁義失而詐僞起，其去皇風益遠矣。

《經》曰：絶聖棄智，民利百倍；絶仁棄義，民復孝慈；絶巧棄利，盜賊無有。此三者以爲文，不足。故令有所屬歸屬，見素抱樸，少私寡欲。十九章。

《原旨》曰：聖智仁義，天下之大本也。其可絶棄乎？此蓋

---

① 帝：《道藏》本原作"常"，《中華道藏》本據文意改爲"帝"，今從之。

② 大：《道藏》本原作"太"，《中華道藏》本因之，今據本章所述經文改。

③ 比屋可封：指上古之世，民風淳樸，家家有德，堪受旌表。後泛指風俗淳美。《尚書大傳》卷五："周人可比屋而封。"

④ 《孟子·離婁上》："舜盡事親之道，而瞽瞍底豫，瞽瞍底豫而天下化。"趙岐注："底，致也。豫，樂也。"慊（qiè），滿足，快意。

承上章餘旨，發明民利、孝慈、盜賊之所由生，使知文華可削，素樸可復。凡假聖智以驚愚俗，假仁義以舞干戈，假巧利以啓盜賊者，則絕而棄之，使民安其居。地利百倍，家足其用，"民復孝慈"，盜賊何有哉？蓋三代之季，世道不古，原其所謂聖知仁義巧利之心者，不過竊先王之法言飾辭以欺當世。如田恒①弒其君而有齊國，非盜而何？說見《莊子·胠篋》。故曰："此三者以爲文，不足。"故"令有所屬"者，當上推帝皇，思復古道，外見純素，內包淳樸，正己于上，以勸其下，借即使曰不能無私無欲，庶幾少私寡欲，不爲盜賊之行矣。民利既足，孝慈可復也。

《經》曰：絕學無憂。唯之與阿，相去幾何？善②之與惡，相去何若？人之所畏，不可不畏。荒兮其未央哉指精神世界的寬廣而無邊際！衆人熙熙縱情恣欲，興高采烈，如享太牢古代祭祀，牛羊豕三牲具備，謂之太牢，如登春臺春日登臺。我獨泊③兮其未兆，若嬰兒之未孩。乘乘頹喪困頓貌兮若無所歸。衆人皆有餘，我獨若遺。我愚人之心也哉，純純兮！俗人昭昭智巧光耀現於外，我獨若昏。俗人察察精明巧俐，我獨悶悶淳樸貌。忽兮若海，寂兮似無所止。衆人皆有以，而我獨頑愚頑似鄙。我獨異於人，而貴求食于母。

---

① 田恒：齊國大夫田成子，亦稱陳恒。前485年，承襲其父田乞之位，後唆使齊國大夫鮑息弒齊悼公，立齊簡公。前481年，又弒齊簡公，立齊平公，獨攬齊國大權。

② "善"當作"美"。按，傅奕本、竹簡本、帛書本均作"美"。證之《老子》二章："天下皆知美之爲美，斯惡已；皆知善之爲善，斯不善已。"亦"美"與"惡"對舉，"善"與"不善"對舉。

③ "泊"原作"怕"。"怕"當爲"泊"之形誤。帛書本、王弼本均作"泊"，爲淡薄、恬淡之意。下文《原旨》"我獨泊兮"之"泊"原亦誤作"怕"。均據改。

二十章。

　　《原旨》曰：聖人之道，自得之學也；① 世俗之道，外得之學也。聖人不務外得，故曰"絕學無憂"。然則唯阿善惡，相去知幾何哉？"人之所畏"，指後之衆人俗人者而言也。故不可不畏衆人俗人。熙熙有餘，昭昭察察，皆有以爲矣，何尚"荒兮其未央"哉？"享太牢"，"登春臺"，外得可知也。"我獨泊兮其未兆，如嬰兒之未孩。乘乘兮若無所歸"，而"我獨若遺，我愚人之心也哉，純純兮！""我獨若昏"，"我獨悶悶。忽兮若海，寂兮似無所止"。"而我獨頑似鄙。我獨異於人，而貴求食于母。"母，道也。"求在我者也"，《孟子·盡心上》："求則得之，舍則失之，是求有益於得也，求在我者也。"豈非自得者乎？得其自得，則不務外得，俗學可絕，吾無憂矣。

道德玄經原旨卷之一

---

① 《孟子·離婁下》："君子深造之以道，欲其自得之也。自得之則居之安，居之安則資之深，資之深則取之左右逢其原，故君子欲其自得之也。"

道德玄經原旨卷之二

教門高士當塗杜道堅注

《經》曰：孔德之容，唯道是從。道之爲物，唯恍唯惚。惚兮恍，其中有象；恍兮惚，其中有物。窈兮冥，其中有精；其精甚真，其中有信。自古及今，其名不去，以閱衆甫。吾何以知衆甫之然哉？以此。二十一章。

《原旨》曰：孔，大也。德，得也。得於吾心之謂德。容，量也。吾有大德，宇量斯寬。惟道是從，靡不容也。衆甫可閱矣。然則"道之爲物"，何如也哉？"唯恍唯惚"而已。"惚兮恍，其中有象"，似無而有也。"恍兮惚，其中有物"，似有而無也。"窈兮冥，其中有精"，得於吾心者也。"其精甚真"，吾所固有也。"其中有信"，誠其在我。"自古及今，其名不去"，由先天先地自古固存，所謂強名之曰道者。今猶古也，衆甫天地之大，萬物之衆，以此而閱，備於我矣。然則"吾何以知衆甫之然哉"？以吾心之所自得者而觀之，此可知也。

《經》曰：曲則全，枉則直，窪低窪則盈充盈，敝則新，少則得，多則惑。是以聖人抱一爲天下式。不自見，故明；不自是，故彰；不自伐，故有功；不自矜，故長。夫唯不爭，故天下莫能與之争。古之所謂"曲則全"者，豈虛言哉！誠全而歸之。二十二章。

《原旨》曰：曲能有誠，① 誠則全矣。聖人所以"抱一爲天下式"者，誠也。誠能自守其枉屈，久將自直；自守其窪，久將自盈；自守其敝，久將自新；自守其少，久將自得。一或不誠，以多爲得，則惑也，惑則不得也。是以聖人"不自見，故明；不自是，故彰；不自伐，故有功；不自矜，故長。"夫惟能守前之六則，後之四不而不與物争，"故天下莫能與之争"。"古之所謂'曲則全'者，豈虛言哉！"吾能抱我之一者而爲天下式，則"誠全而歸之"。

《經》曰：希言自然。飄風不終朝，驟雨不終日。孰爲此者？天地。天地尚不能久，而況於人乎？故從事於道者，道者同於道，德者同於德，失者同於失。同於道者，道亦得之。同於德者，德亦得之。同於失者，失亦得之。信不足，有不信。二十三章。

《原旨》曰："希言②自然。"不言之言，無爲之爲，"至誠無息"《中庸》："故至誠無息，不息則久，久則徵，徵則悠遠，悠遠則博厚，博厚則高明。"之道也。一以言爲言行爲心，則信不足，有不信，誠斯息矣。此章承上章"誠全"餘旨，發明道之得失，在乎誠不誠之分。誠則得，不誠則失也。飄風驟雨，傷及萬物，必致僵仆，曾乃，竟不能終一朝夕，自不能容，非至誠之道也。然則孰爲此者哉？天地也。天地之有飄風驟雨，尚不能久，而況於人

---

① 《中庸》："其次致曲，曲能有誠，誠則形，形則著，著則明，明則動，動則變，變則化，唯天下至誠爲能化。"

② 希言：即"稀言"。少説話，此指少政教法令，與"多言"對。《老子》五章："多言數窮，不如守中。"

乎？國家之有苛政虐令，傷及百姓，必致困窮，亦將有所不能自容，豈至誠之道也哉？誠則不爲苛虐矣。故天下之從事於道者，惟上之從。上從道者，下同於道；上從德者，下同於德；上從失者，下同於失。以是"同於道者，道亦得之"；"同於德者，德亦得之"；"同於失者，失亦得之"；"信不足，有不信"。可不審諸！觀《中庸》"曲能有誠，誠則形，形則著，著則明，明則動，動則變，變則化。惟天下至誠爲能化"，自曲誠，六變而後化，固不易也。君子之居禄位，握政令，而化天下，至誠之道，其可息乎？

《經》曰：跂 qǐ，踮起脚跟者不立，跨跨越，跳躍者不行，自見者不明，自是者不彰，自伐者無功，自矜者不長。其在道也，曰：餘食贅行。物或惡之，故有道者不處。二十四章。

《原旨》曰："跂者不立。"宦途之於世路，若不相及，而未嘗不相及也。人馳騖功名，一有躁進之心，便墮望道不可見之域，由身處低下，物置高遠，心欲急得，跂仰而求，不惟物不可致，而足亦不能自立也。"跨者不行"，欲速進而大跨，未有能行者矣。蓋由心不知道，物欲所牽，過望過度渴望功名，曾不知分，彼心必有不容自己之惑，不顛蹶困頓不已也，豈不大可哀耶？故曰："自見者不明，自是者不彰，自伐者無功，自矜者不長。"其六者之在道也，譬猶殘餘之食，贅疣①之形，物或惡之，故有道者不處。

《經》曰：有物混成，先天地生。寂兮寥兮，獨立而不改，周行而不殆，可以爲天下母。吾不知其名，字之曰道。强爲之名

---

① 贅疣：身上所生之肉瘤。《莊子·駢拇》："駢拇枝指，出乎性哉！而侈於德。附贅懸疣，出乎形哉！而侈於性。"

曰大。大曰逝，逝曰遠，遠曰返。故道大，天大，地大，王亦大。域中有四大，而王居其一焉。人法地，地法天，天法道，道法自然。二十五章。

《原旨》曰："有物混成，先天地生。"天地之先，無物也，而曰"有物混成"，是何物耶？天地之先，有五太。列子止言太易、太初、太始、太素，而不言太極，又言"氣形質具而未相離，故曰渾淪。渾淪者，言萬物渾淪而未相離也。"《列子·天瑞》。非太極乎？夫列子得之，發明及此，是知"有物混成"，非物也，指萬物相渾淪者而言也。吾嘗曰：未有吾身，先有天地。未有天地，先有吾心。吾心此道也，豈惟吾哉？人莫不有是心，心莫不有是道，知此謂之知道，得此謂之得道。然則道何自而知，何從而得哉？吾將欲言，而忘其所欲言也。余嘗於洒掃之暇，隱几神遊，遡仰先天混成之道，寂寥無朕，獨立周行，化化生生，今古不忒，是宜可爲天下母也。老聖謙辭，謂"吾不知其名，字之曰道，強爲之名曰大"。

此一節摹寫道妙，若可即席而語。首章言無名天地之始，演至此而漏泄春風，有不容閟者矣。"大曰逝"，逝，往也。"逝曰遠"，遠而無所至極也。"遠曰返"，返，復也，復則可以見天地之心矣。此道之盈虛消息，如環無端。先乎天地，莫知其始；後乎天地，莫見其終。故以道觀天地，則見道大；以天地觀帝王，則見天地大；以帝王觀人民，則見帝王大。雖然，究其端倪，四者之大，莫不均囿大虛之域。法，則也。人能仰觀俯察，近取遠求，① 由地而知天、知道、知自然，取以爲法，內而正心誠意，

---

① 《易·繫辭下》："古者包犧氏之王天下也，仰則觀象於天，俯則觀法於地，觀鳥獸之文，與地之宜，近取諸身，遠取諸物，於是始作八卦，以通神明之德，以類萬物之情。"

外而脩齊治平，以至功成身退，入聖超凡，殁身不殆，是則可與此道同久也已。噫！焉得知自然者，而與之言哉？惟知自然者，則可與言道也。"王亦大"，一作"人"，言王則人在焉。今從"王"，尊君也。

《經》曰：重爲輕根，静爲躁君。是以君子終日行不離輜重。雖有榮觀，河上公注："榮觀，謂宮闕。"諸本解說不一燕處安居超然。奈何萬乘之主，而以身輕天下？輕則失臣，躁則失君。二十六章。

《原旨》曰：天下之理，重能制輕，静能制躁，自然之道也。曰重，曰静，根本也，君主也。曰輕，曰躁，枝葉也，臣民也。根者重則枝葉茂，君者静則臣民安。吾計其天下之必歸往，四海之必清平矣。"是以君子終日行不離輜重。雖有榮觀，燕處超然。"君子、士之知道者也。惟君子而知此道，故行不離輜重，燕處則超然，見其行不失重，居不失静也。奈何萬乘而以身輕天下？嘆三代之昏主，反有不如君子之知道，而能守重静者也。若桀、紂可謂身輕天下者矣。伊尹①五就而不能用，微子②抱祭器而歸周，"輕則失臣"也。禹、湯建久長之業，卒以其昏主暴虐而亡，"躁則失君"也。有國有家者，可不戒哉！

---

① 伊尹：商湯大臣，著名賢相，一名摯，相傳生於伊水，故名。夏桀荒淫無道，伊尹助湯伐桀，湯崩逝後歷佐卜丙、仲壬、太甲、沃丁四王，爲商王朝的建立和興盛做出了巨大貢獻。

② 微子：名啓，殷紂王庶兄，因見紂荒淫暴虐，數諫而不從，遂出走。周武王克商，復其官。周公承成王命誅武庚，命微子率殷族，奉其先祀，封於宋，都商丘（今河南商丘市南）。孔子稱其與箕子、比干爲"殷之三仁"。

《經》曰：善行無轍迹；善言無瑕謫；善計不用籌策；善閉無關鍵而不可開；善結無繩約而不可解。是以聖人常善救人，故無棄人；常善救物，故無棄物。是謂襲明。故善人，不善人之師；不善人，善人之資。不貴其師，不愛其資，雖知大迷，是謂要妙。二十七章。

《原旨》曰：善有慈柔之善，有至當之善，人能達夫至當之善，則無所不當，無所不善矣。"善行""善言""善計""善閉""善結"，在理者皆處之以至當之善也。"無轍迹""無瑕謫""不用籌策""無關鍵而不可開""無繩約而不可解"，在物者則自無可窺之隙也。是以聖人救人救物，常以吾善，故不棄於人物矣，"是謂襲明"。襲明者，行其所至當，不爲其所不當也。

故善人者，則可以爲不善人之師也；不善人者，乃可以爲善人之資也。師本以善教人者也，一有以教人爲師，我之心則不貴矣。故孟子患爲人師。《孟子·離婁上》："孟子曰：'人之患在好爲人師。'"資本以善用人者也，一有以用人爲資，我之心則失愛矣。故君子不以其養人者害於人，是以"不貴其師，不愛其資"也。不以人之師我者爲貴，不以人之資我者爲愛。以世俗觀之，雖若知之大迷；以道觀之，"是謂要妙"也。

《經》曰：知其雄，守其雌，爲天下谿。爲天下谿，常德不離，復歸於嬰兒。知其白，守其黑，爲天下式。爲天下式，常德不忒，復歸於無極。知其榮，守其辱，爲天下谷。爲天下谷，常德乃足，復歸於樸。樸散則爲器，聖人用之，則爲官長，故大制不割。二十八章。

《原旨》曰：嬰兒，吾身之妙體；無極，天地萬物之妙體；樸，道之妙體也。知吾身之妙體，則守雌而無爭雄之心，故能爲天下谿。"爲天下谿"，喻海也。海無不容，乃見吾之常德不離於吾身之妙體，"復歸於嬰兒也"。知天地萬物之妙體，則守黑而無暴白之心，故能"爲天下式"。"爲天下式"，喻抱一也。一能合衆，乃見吾之常德不差忒於天地萬物之妙體，"復歸於無極也"。知道之妙體，則守辱而無貪榮之心。守辱，守低下也，故能爲天下谷。"爲天下谷"，喻習坎淵深，是爲無底之谷。一陽初動，元氣之根在焉，此吾之常德乃足於道之妙體，而"復歸於樸"也。樸散則形而下之器，有天下神器者，在聖人用之，則爲官之長，故能大制天下，不致有傷割之損。

《經》曰：**將欲取天下而爲之，吾見其不得已。天下神器，不可爲也。爲者敗之，執者失之。故物或行或隨，或煦** xǔ，呼氣**或吹，或强或羸，或載** 安載**或隳** huī，損毀**。是以聖人去甚，去奢，去泰。**二十九章。

《原旨》曰：聖人居寶位而長天下，猶大海之轄百川，當聽其朝宗歸往可也。一有取之之心，則百川涸而朝宗歸往者絕，海之竭可立而待也。居寶位而有將欲取天下之心，而爲之聚斂者，不異海之涸百川而絕朝宗歸往者乎？吾見其不得已明矣。天下神器，乃帝王之寶位，民生係焉。不可以智爲，不可以力執。"爲者敗之，執者失之"矣。"故物或行或隨，或煦或吹，或强或羸，或載或隳。"所謂物者，即前所謂神器也，乃天下之所共賴，不可視爲己物。隨行，遷徙也；煦吹，譽毀也；强羸，盛衰也；載隳，安危也。或之云者，天道靡常，《尚書·咸有一德》："天難諶，命靡常。"民若可畏。是以聖人知安必有危，而去其甚；知盛必有衰，而去其奢；知譽必有毀，而去其泰。

《經》曰：以道佐人主者，不以兵強天下。其事好還。師之所處，荊棘生焉。大軍之後，必有凶年。故善者果而已，不敢以取強。果而勿矜，果而勿伐，果而勿驕，果而不得已，是果而勿強。物壯則老，是謂不道，不道早已。三十章。

《原旨》曰：人主之有天下，以其有土地之故。有土地，斯有社稷；有社稷，斯有人民。社稷人民，天下之神器也。上章以之勸人主以道，此章以其餘旨戒人臣以兵。於戲同"嗚呼"！老聖之用心至矣，乃至不忘天下，此其所以爲百世師也。天道好生惡殺，虧盈益謙，① 貴慈柔不貴強梁，慈柔則生，強梁則死，《老子》四十二章："強梁者不得其死，吾將以爲教父。"理之所必至。故君子不得已而爲天下蒼生，一出必以道爲人主佐，保社稷、安人民，決不以兵強天下，爲社稷傾傾覆、人民毒荼毒也。況兵無常勝，其事好還，敗亦隨之，可不戒乎！使爲人臣而不能佐主以道，肆行不恤，黷武貪功，謀動干戈於邦內，以土地故，糜爛其民以戰，《孟子·盡心下》："梁惠王以土地之故，糜爛其民而戰之。""民不堪命"，《左傳》桓公二年："宋殤公立，十年十一戰，民不堪命。"

不死於兵，則避而去之。兵強之禍天下如此。師之所處，耕耨既廢，荊棘生焉。興師百里，百里之害；興師千里，千里之害。大軍既興之後，不待水旱作而年已凶矣。豈人臣之善道哉？善者果而已，不敢以取強，則宜審所取舍也。觀孔子以俎豆禮器，此指祭祀禮儀之事對靈公之問陳，② 則知兵不足言；以去兵答子貢

---

① 《易·謙·彖》："天道虧盈而益謙，地道變盈而流謙，鬼神害盈而福謙，人道惡盈而好謙。"

② 《論語·衛靈公》："衛靈公問陳于孔子，孔子對曰：'俎豆之事，則嘗聞之矣；軍旅之事，未之學也。'"

之問政，① 則知兵乃可去。

噫嘻！孔聖憂天下之心，又何異於老聖乎？果而勿矜、勿伐、勿驕，果而不得已，言天理之所在，如吾之所説者，是皆知其必不得已而須如此行，方是果而勿强之道也。物壯則老，人臣位極，身不知退，尚以舞兵弄權爲事，極則危矣，是之謂不知道。不道早已，而況弓藏犬烹，② 只足以自速其顛隮也，《尚書·微子》："今爾無指，告予顛隮。" 尚何望佐人主而致國治而天下平乎？聞之者足以戒。

《經》曰：夫佳兵者，不祥之器，物或惡之，故有道者不處。君子居則貴左，用兵則貴右。兵者不祥之器，非君子之器。不得已而用之，恬淡爲上，勝而不美。而美之者，是樂殺人。夫樂殺人者，不可得志於天下。吉事尚左，凶事尚右。偏將軍處左，上將軍處右。言以喪禮處之。殺人衆多，以悲哀泣之；戰勝，以喪禮處之。三十一章。

《原旨》曰：弧矢威天下，《易·繫辭下》："弦木爲弧，剡木爲矢，弧矢之利，以威天下。" 其來久矣。然則天下盜弧矢以侮天子，古已不少，兵可不慎乎？兵者，殺人之器，而曰佳兵，必有樂殺人者矣。"不祥之器"，凶器也。前言神器，此言凶器，或以神，或以凶，則"物或惡之"，豈有有天下而可使物有惡之之心乎？

---

① 《論語·顔淵》："子貢問政。子曰：'足食，足兵，民信之矣。' 子貢曰：'必不得已而去，於斯三者何先？' 曰：'去兵。' 子貢曰：'必不得已而去，於斯二者何先？' 曰：'去食。自古皆有死，民無信不立。'"

② 《史記·越王勾踐世家》："范蠡遂去，自齊遺大夫種書曰：'飛鳥盡，良弓藏；狡兔死，走狗烹。越王爲人長頸鳥喙，可與共患難，不可與共樂。子何不去？'" 又《史記·淮陰侯列傳》："果若人言，'狡兔死，走狗烹；高鳥盡，良弓藏；敵國破，謀臣亡。' 天下已定，我固當烹。"

"故有道者不處。"此承上章餘旨，爲人臣好用兵者戒也。當天下無事之時，君子在位，貴在于左，及其有事，用兵之際，貴在右矣。"兵者不祥之器，非君子之器。不得已而用之"，當必以"恬淡爲上"。恬淡云者，王者之師，志在撫民，不事俘馘 guó, 俘虜，而無詭譎 jué, 狡詐之心，故雖勝而不以爲美。若以爲美，是"樂殺人"。"夫樂殺人者，不可得志於天下。"如楚子玉①之於城濮，晋先縠②之於邲 bì, 春秋鄭邑，在今河南滎陽東北，皆主用兵而好戰者，終不可以得志。孟子告梁襄王曰："不嗜殺人者能一之。"又曰："天下莫不與也。"兩句皆出《孟子·梁惠王上》。安有以殺人爲樂，而能得志於天下者哉？

左尊位，右卑位。"吉事尚左"，爲可喜也；"凶事尚右"，爲可哀也。偏將軍本卑，以不專殺，故處左，居以尊位。上將軍本尊，以司殺柄，故處右，居以卑位。正謂凶不可尚也。噫！當受命于將，將在軍，君令有所不受。③於斯時也，君之心當何如哉？危矣，故必以"偏將軍處左"，防危之心可見也。"上將軍處右"，不祥之名可見也。"言以喪禮處之"，凶事可見也。"殺人衆多，以悲哀泣之；戰勝，以喪禮處之。"是豈忍爲也哉？非敵國

---

① 楚子玉：楚令尹，芈姓，成氏，名得臣，字子玉。楚成王三十八年（前634），率楚軍滅夔（今湖北秭歸境），又北征背楚親晋的宋國。次年冬，再圍宋，與救宋之晋、齊、秦聯軍戰于城濮（今山東鄄城臨濮集），兵敗自殺。

② 先縠（hú）：姬姓，先氏，名縠。曾祖先軫采邑於原，又稱原縠，封地爲彘，故又稱彘子。春秋時晋國大夫。前601年，晋楚戰於邲，先縠剛愎好戰，擅自出兵，大敗。前596年，率鮮虞、戎狄等部落叛晋，被晋景公所殺。

③《孫子兵法·九變篇》："凡用兵之法，將受命於君，合軍聚合。泛地無舍，衢地合交，絕地無留，圍地則謀，死地則戰。途有所不由，軍有所不擊，城有所不攻，地有所不争，君命有所不受。"

侵我，下有弗靖安定，不得已而用之，弗舉也。"先王有不忍人之心，斯有不忍人之政。"①

《經》曰：道常無名。樸雖小，天下不敢臣。侯王若能守，萬物將自賓。天地相合，以降甘露，夫莫之令而自均。始制有名，名亦既有，天亦將知止，知止，所以不殆。譬道之在天下，猶川谷之與江海。三十二章。

《原旨》曰："道常無名"，無名故尊；樸本無形，無形故大。惟尊大而不處尊大，故"雖小，天下莫敢臣"。侯王若能體此無名之尊、無形之大，守而勿失，當不待誕大也告萬方，而民物之衆將自賓服矣。蓋王侯之於萬民，天地之於萬物，此感彼應，同乎一理。觀天地綱緼，陰陽相合，以降甘露，無非中和所致。"夫莫之令而自均"，當知物初分靈布氣，資始資生，曾不煩一毫人力之爲也。由道常無名而始制有名，一物一理，名亦既有，功成事遂，天亦將知止，身退之道也。

古之人有得之者，上爲皇而下爲王，伏羲、文王也。伏羲得之而爲皇，作先天六畫，乾南坤北，天地定位，始制有名，皇道興焉。迨文王得之，王道大成，"名亦既有"也，而作後天八卦。乾退西北，坤退西南，"天亦將知止"矣。"知止，所以不殆。"退得其時，又何危焉？皇王之風，於焉可見。聖人檃yǐn括②天地，發明道樸，爲侯王者告。曲譬妙理，可謂殆盡。猶恐

---

① 《孟子·公孫丑上》："孟子曰：'人皆有不忍人之心。先王有不忍人之心，斯有不忍人之政矣。以不忍人之心，行不忍人之政，治天下可運之掌上。'"

② 檃（yǐn）括：又作"隱括""隱栝"。用以矯正邪曲的器具，引申爲標准、規範。此處用爲動詞，以……爲標准、規範。《韓非子·難勢》："夫棄隱栝之法，去度量之數，使奚仲爲車，不能成一輪。"

後世未喻其旨，故又取其近者而言之曰："譬道之在天下，猶川谷之與江海。"釋見前"知其雄將欲取天下"章。

《經》曰：知人者知，自知者明。勝人者有力，自勝者強。知足者富。強行者有志。不失其所者久。死而不亡者壽。三十三章

《原旨》曰：人死生亦大矣。《莊子·德充符》："仲尼曰：'死生亦大矣，而不得與之變；雖天地覆墜，亦將不與之遺。'"究其所以，明而爲人，幽而爲鬼神，明則復爲人。無古今，無智愚，一也。然則有生之日，窮通得失，輪雲翻覆，情隨事遷，相與俯仰一世，如造物之晦明變化，舒慘靡常，一日萬狀，使無道以處之，寧無造次顛沛者哉？《論語·里仁》："君子無終食之間違仁，造次必於是，顛沛必於是。"故必先知己知彼，而後可以盡應世接物爲人之道，而知生知死者也。"知人者智，自知者明。"知之云者，非知彼我之鄉黨親戚也，非知彼我之功名事業也，知其心而已。知人之心，則事無責備，不其智乎？知己之心，則事無苟越，不其明乎？"勝人者有力"，人欲熾也。"自勝者強"，天理明也。"知足者富"，内篤實也。"強行者有志"，體剛健也。《易·大畜》："大畜，剛健，篤實，輝光，日新其德。""不失其所者久"，得其中庸也。"死而不亡者壽"，全體而歸也。夫人之出處安常，脩短隨化，不惟有可久之德，可大之業，以壽斯世。彼明而爲人，幽則爲鬼神者，"惽然若亡而存，油然不形而神"《莊子·知北遊》，真有不亡者在。

《經》曰：大道汜同"泛"，廣博兮，其可左右。萬物恃之以生而不辭，功成不名有，愛養萬物而不爲主。常無欲，可名於小；萬物歸之而不爲主，可名於大。是以聖人終不爲大，故能成

其大。三十四章。

《原旨》曰：聖人愛養百姓，不以功名自大，體道故也。天下載之而不重，樂推而不猒，雖不欲大，不可也。"大道汎兮"，無往不在；"其可左右"，隨其所之。"萬物恃之以生而不辭"，物得以生，曾無辭謝。"功成不名有"，成所當成，何功之有？"愛養萬物而不爲主"，生所當生，愛養必至，烏可爲主？"常無欲，可名於小"，謙德至矣。"萬物歸之而不爲主，可名於大"，無歸物之心，物自歸之；無大物之心，物自大之。道之爲道也若此。是以聖人體道爲心，愛養萬民，雖有大功大德，終不自以爲大，故天下歸之，自能成其大也。吾終此章，隱几默味，游心上古，乃見羲皇上人標枝野鹿，① 大樸淳風，熙熙猶在也。

《經》曰：執大象，天下往。往而不害，安平泰。樂與餌，過客止。道之出口，淡乎其無味，視之不足見，聽之不足聞，用之不可既。三十五章。

《原旨》曰：道大無外，聖人則而象之，以長天下。四夷② 八蠻，③ 兼愛並養，物無不均，故天下歸往焉。"往而不害"，來

---

① 標枝野鹿：指上古之世，君上無爲，如高樹之枝；百姓恬淡，如天放野鹿。以喻至德之世大道流行，君上體道無爲，安養天下，民性淳樸，天下安樂。《莊子·天地》："至德之世，不尚賢，不使能，上如標枝，民如野鹿，端正而不知以爲義，相愛而不知以爲仁，實而不知以爲忠，當而不知以爲信，蠢動而相使，不以爲賜。"

② 四夷：古時華夏族對四方少數民族之歧視性和貶抑性稱謂，即東夷、西戎、南蠻、北狄，除其地域因素之外，更多源於一種文化政治意義上的夷夏之辨。

③ 八蠻：古謂南方八蠻國，《爾雅》刑昺疏引李巡云："一曰天竺，二曰咳首，三曰僬僥，四曰跛踵，五曰穿胸，六曰儋耳，七曰狗軹，八曰旁春。"後泛指中原華夏族之外的周邊少數民族。

則安之,《論語·季氏》:"夫如是,故遠人不服,則修文德以來之。既來之,則安之。"安則平,平則泰矣。古之人有行之者,黄帝是也。"觀天之道,執天之行"《黄帝陰符經》,故能"垂衣裳而天下治"。《易·繫辭下》:"黄帝、堯、舜垂衣裳而天下治,蓋取諸《乾》《坤》。"然則奚爲治哉?"樂與餌,過客止。"干戈之於叛寇,猶樂餌之於過客,客至則張樂餌以燕之,過則止也。當蚩尤之亂必誅,干戈斯作。炎帝之歸必宥,兵斯可偃。兵不可常,樂亦不可常。以禮飲酒者,始乎治,常卒乎亂,泰至則多奇樂。凡事亦然。始乎諒誠信,常卒乎鄙鄙惡。其始也必簡,其畢也必巨。① 兵其可不知戒乎?道之爲言,出乎口而淡乎其無味,非樂餌比也。如大象焉,象無形,故視之不足見;象無聲,故聽之不足聞。聖人則而用之,妙不可既。

《經》曰:將欲噏之,必固張之;將欲弱之,必固強之;將欲廢之,必固興之;將欲奪之,必固與之,是謂微明。柔弱勝剛強。魚不可脫於淵,國之利器不可以示人。三十六章。

《原旨》曰:晝夜明晦,人物盛衰,今古之不停者,以其有大造化流行于宇宙之間,物有不可得而逃之,如春將溫,冬必寒,秋將涼,夏必熱,迭更迭運運轉不易,自然之理也。造化何心哉!是故寒暑相推而歲功成焉。《易·繫辭下》:"寒往則暑來,暑往則寒來,寒暑相推而歲成焉。""將欲噏之,必固張之",闔闢也。"將欲弱之,必固強之",損益也。"將欲廢之,必固興之",否 pǐ 泰盛衰,興廢也。"將欲奪之,必固與之",生殺也。是之謂大造化

---

① 《莊子·人間世》:"且以巧鬬力者,始乎陽,常卒乎陰,泰至則多奇巧;以禮飲酒者,始乎治,常卒乎亂,泰至則多奇樂。凡事亦然。始乎諒,常卒乎鄙;其作始也簡,其將畢也必巨。"

之微精微而可明者。然則"柔弱勝剛强"。柔弱，氣之爲物也，物變則通；剛强，形之爲物也，物壯則老。知變通而不墮壯老，則勝斯在我，肯爲甚乎？

"魚不可脫於淵"：魚，民也；淵，國也。水，利器也。利器，貨食之謂。淵有水則魚安，國足貨食則民安。水藏于淵，則魚不脫去；貨食藏于天下，則民不脫去。爲人君而長一國者，可以聚斂之端示乎人哉？知大造化之流行，盈虛消息，《易·剝·象》："君子尚消息盈虛，天行也。"《莊子·秋水》："消息盈虛，終則有始。"理有常度，則會計計劃，經營之心，自有不必容者，況國之利用，遍藏天下，猶水之冬涸春盈，未嘗不足，又何患焉？

《經》曰：道常無爲而無不爲。侯王若能守，萬物將自化。化而欲作，吾將鎭之以無名之樸。無名之樸，亦將不欲。不欲以靜，天下將自正。三十七章。

《原旨》曰："道常無爲而無不爲"，道有當爲，有不當爲之常理，不爲其所不當爲，而爲所當爲，則春春而夏夏，陰陽不忒差錯，不待言而四時行，品物亨。《易·坤·象》："坤厚載物，德合無疆；含弘光大，品物咸亨。"道一反常，則沴冱氣災害不祥之氣乃作，四時乖和反常，品物傷矣。君道亦然。侯王若能體道之道，而守君之當爲，不爲君之所不當爲，則君君而臣臣，《論語·顏淵》："齊景公問政於孔子。孔子對曰：'君君、臣臣、父父、子子。'"厥分名分罔差。君不言而百官正，萬物將自化也。社稷人民，莫不各安厥分，爲所當爲，不爲其所不當爲矣。

帝德一愆，異政乃起。使君而盡君道，臣而盡臣道，上不凌下，下不僭上，天下曷敢有越厥志而不從王化者哉？化而欲作，是既化而又欲有他作之心也。爲君之道，當思彼胡爲而欲作，必有啓之者矣。當勿待彼作，而亟求吾之所未當，反其所當，而鎮之以靜。夫如是，則必使人之意也消，有不待以彰厥罪而彼將自化也，何敢復作哉？是之謂吾將鎮之以無名之樸。無名之樸，亦將不欲。上慚厥德，下畏厥威，又當忘言，《莊子·外物》："言者所以在意，得意而忘言。"恬若罔聞，是之謂亦將不欲也。不欲則以此而自靜，天下將自正矣。道之無爲而無不爲也。若此世之人，有必如塊然_{木然無知無情貌}木石，而後謂之無爲者，則安得而無不爲哉？非我所知也。

道德玄經原旨卷之二

道德玄經原旨卷之三

教門高士當塗杜道堅注

《經》曰：上德不德，是以有德；下德不失德，是以無德。上德無爲而無以爲；下德爲之而有以爲。上仁爲之而無以爲；上義爲之而有以爲。上禮爲之而莫之應，則攘臂而仍之。故失道而後德，失德而後仁，失仁而後義，失義而後禮。夫禮者，忠信之薄，而亂之首。前識者，道之華虛華，而愚之始。是以大丈夫處其厚，不居其薄；處其實，不居其華。故去彼取此。三十八章。

《原旨》曰：道，蹈也。德，得也。蹈道得德，是謂上德。上德之心，德不己尚，人心自歸，是以有德，其德大矣。下德之心，德不己忘，人心未必歸，是以無德，其德小矣。上德無心於爲，無所以爲，道之次也。下德有心於爲，有所以爲，德斯下矣。上仁有心於爲，無所以爲，德之次也。上義有心於爲，有所以爲，仁之次也。上禮有心於爲，而人莫之應，義之次也。人莫之應，則有不肖之心生，有不肖之心生，則攘臂伸臂而仍引之，不足怪也。故"失道而後德，失德而後仁，失仁而後義，失義而後禮。禮者，忠信之薄，而亂之首"。亂則攘臂之作甚矣。"前識者"，伯主懷詐，假禮義會盟，以紿 dài，欺詐諸侯。

"道之華"，不實已彰；"愚之始"，薄俗已見。是以大丈夫處道德之厚實，不居禮詐之華薄，故云去彼取此。噫！皇道降而爲帝德，帝德降而爲王之仁義，王之仁義降而爲伯之智力，智力降而爲戰國之詐亂，攘臂相仍，民不堪處。於是玄聖素王者出，道德著而理欲分，春秋作而名分定，辭雖不同而旨則一焉。大丈夫有志當世，致君澤民，要不拘仕隱，修辭立誠，《易·乾·文言》："君子進德修業。忠信所以進德也，修辭立其誠，所以居業也。"道在其中矣。

《經》曰：昔之得一者，天得一以清，地得一以寧，神得一以靈，谷得一以盈，萬物得一以生，侯王得一以爲天下貞。其致推之，天無以清，將恐裂；地無以寧，將恐發；① 神無以靈，將恐歇；谷無以盈，將恐竭；萬物無以生，將恐滅；侯王無以貴高，將恐蹶。故貴以賤爲本，高以下爲基。是以侯王自謂孤、寡、不穀。此其以賤爲本，非乎？故致數輿無輿，② 不欲琭琭如玉，落落如石。三十九章。

《原旨》曰：道之在天地神物君民間，莫不有分，可自虧不可自盈，是以天虧西北，地缺東南，惟其虧之缺之而不自滿，故能長久。聖人無全能，其道亦然。惟無全能，所以爲聖也。爲侯

---

① 《經》文、《原旨》中"將恐發"之"發"當爲"廢"之形闕，《老子》十八章"大道廢"，三十六章"將欲廢之"等皆作"廢"。

② 按，《經》文"致數輿無輿"頗難解。其中"輿"字諸本差異較大。王弼本作"輿"，帛書甲本作"與"，乙本作"輿"，河上公本作"車"，而傅奕古本、王雱本、范應元本、呂惠卿本、吳澄本等均作"譽"，似與文義較合。證之《莊子·至樂》："故曰：'至樂無樂，至譽無譽'"文下正有"天無爲以之清，地無爲以之寧"等語，即此章本文，可知《老子》原本或當爲"至譽無譽"。又陸德明《經典釋文》亦作"譽"，注"毀譽也"。觀下文《原旨》以"輿"強爲之解，似失之矣。

王而知此道，故不得不謙以自下，況爲臣民，而不知有謙下，可乎？自其大者觀之，不當無者衆矣。自其小者觀之，不當有者衆矣。既不當有，又不當無，衆者可去，一不可去。一，道也，有分焉。"昔之得一者"，如天、地、神、谷、萬物、侯王，莫不各得其一，故能以清、以寧、以靈、以盈、以生、以爲天下貞。"其致之"，致極至、高、盡、遠、終也。極則"天無以清，將恐裂；地無以寧，將恐發；神無以靈，將恐歇；谷無以盈，將恐竭；萬物無以生，將恐滅；侯王無以貴高，將恐蹶矣"。無以云者，分滿則無以自容，其可久乎？

故貴以賤爲本，高以下爲基。知分滿可戒，故處高貴而不忘賤下，基本固矣。"是以侯王自謂孤、寡、不穀"，言其德孤善寡，自謙之辭。此其以賤爲本也，非乎？自審其辭，而又嗟嘆之，故致數輿無輿，言德貴自隱。德貴自隱，則在我所得者衆。一有表襮 bó，暴露、張揚之心，則寡矣。如輿之爲物，本具全體，不可數輪、轅、輻、轍而求爲之輿者。數而求之，則爲輿者失矣。此侯王之道所以不欲碌碌琭琭，玉之華美貌如玉，而自多其德，又不欲落落珞珞，石之堅實貌如石，而以德自少。既不以少，又不以多，則昔之得一者，自然合分之宜。合分之宜，安有不長久者乎？

《經》曰：反者道之動，弱者道之用。天下萬物生於有，有生於無。四十章。

《原旨》曰："反者道之動，弱者道之用"，上句言體，下句言用。道之體用也如此。反，復也，復其見天地之心也。道無定體，惟變是體。動則造化流行，萬物生焉。弱，柔也。柔弱者，生之徒也。道無定用，惟化造化、化育是用。用則生意生命，生機發施，萬物安焉。噫嘻！"天下萬物生於有，有生於無。"有也，無也，是何物也耶？虛化神，神化氣，氣化形，凡具形氣者皆物。物必有壞，壞則復歸於無。有一不壞者存，是何物也耶？觀其生物者氣，則知生氣者神，生神者道矣。夫神，性也；氣，命也；合曰道。聖人立教，使人脩道，"各正性命"，《易·乾·彖》："乾道變化，各正性命；保合大和，乃利貞。"蓋本諸此。

仲尼之盡性至命，① 反終推求萬物之究極之謂也。子思②之天命謂性，《中庸》："天命之謂性，率性之謂道，修道之謂教。"原始溯察萬物之本始之謂也。《易·繫辭上》："原始反終，故知死生之說。"老氏言復命③而不言性，此言有生於無，性其在矣。嘗論性者，吾所固有；命者，天之所賦，生之始也。性不得命，吾無以生；命不得性，天無以賦。性與命交相養，而後盡有生之道也。生之終也，形亡命復，惟性不亡，與道同久。修此謂之修道，得此謂之得道。學道人有不能自究本性，反有問命於人者，是未明性命之正也。吾得因而申之。

《經》曰：上士聞道，勤而行之；中士聞道，若存若亡；下士聞道，大笑之，不笑不足以爲道。故建言有之：明道若昧，進道若退，夷道若纇 lèi，崎嶇不平，上德若谷，大白若辱，廣德若不

---

① 《易·說卦》："昔者聖人之作《易》也，幽贊於神明而生蓍，參天兩地而倚數，觀變於陰陽而立卦，發揮於剛柔而生爻，和順於道德而理於義，窮理盡性，以至於命。"

② 子思（約前483—前402）：孔子之孫，孔鯉之子，名伋，字子思。受教於孔子高足曾參，作《中庸》。其學傳於孟子，後世將其與孟子並稱"思孟學派"。

③ 《老子》十六章："夫物芸芸，各復歸其根。歸根曰靜，靜曰復命。復命曰常，知常曰明。"

足，建德若偷偷惰，質真若渝變。大方無隅，大器晚成，大音希聲，大象無形。道隱無名無以名之。夫惟道，善貸施與且成成就。四十一章。

《原旨》曰："道有情有信，無爲無形，可傳不可受，可得不可見也。"《莊子·大宗師》。上士聞道，造其有情有信，而又達其無爲無形，故勤而行之。中士聞道，雖造有情有信，而未達無爲無形，故若存若亡。下士聞道，則二者俱惑，故大笑之。蓋下士天資既淺，又爲人欲所汨，天理未明，彼物之有形有爲者尚未之造，況道之無爲無形者豈易達哉？此下士之不容不笑也，不笑則不足以見吾道之大矣。建言，古有之言也。"明道若昧，進道若退，夷道若纇，上德若谷，大白若辱，廣德若不足，建德若偷，質真若渝"，斯八者，言道之用，有若無也。"大方無隅"，方無隅，故大；"大器晚成"，器晚成，故大；"大音希聲"，音希聲，故大；"大象無形"，象無形，故大。斯四者，言道之體，實若虛也。"道隱無名"，知而不言，能而不爲也。"夫惟道，善貸且成。"惟善貸，故可傳；惟且成，故可得。然則不可受不可見者，道非外物，故不可以手受而目見，惟在聞道勤行，求其在我者而得之心，當不待受而久將自見也。

《經》曰：道生一，一生二，二生三，三生萬物。萬物負陰而抱陽，冲氣以爲和。人之所惡，惟孤、寡、不穀，而王公以爲稱。故物或損之而益，益之而損。人之所教，亦我教之。強梁強勁勇武者不得其死，吾將以爲教父。四十二章。

《原旨》曰：天地生物之心無他，有塞吾體，帥吾性，① 冲

---

① 張載《西銘》："乾稱父，坤稱母，予茲藐焉，乃混然中處。故天地之塞，吾其體；天地之帥，吾其性。民，吾同胞，物，吾與也。"

和一氣而已。彼造物者之生生不窮，舍此而何哉？冲和，中和也。"道生一"，"無極而太極也"周敦頤《太極圖説》。"一生二"，兩儀生焉。"二生三"，三才立而萬物生也，是謂"三生萬物"。"萬物負陰而抱陽，冲氣以爲和。"天陽地陰，二氣交感，妙合而凝，一點中虚，乃成冲和。純粹至精純粹不雜，精妙至極之謂。《易·乾·文言》："大哉乾乎！剛健中正，純粹精也。"者爲人，雜糅不正者爲物。人物賦形，前頰同"俯"後傴 yǔ，彎腰，負陰抱陽之象也。"兼三才而兩之"《易·説卦》者在我矣。"致中和，天地位，萬物育"《中庸》，正斯道也。"嗚呼！惟天地萬物父母，惟人萬物之靈"，"亶 dǎn，誠也聰明視聽明辨，明察事理，作元后天子，元后作民父母"《尚書·泰誓》。聖人以父母天地赤子萬民爲心。嗟三代之季，各尚智力，争土害民，上失所愛，下民受虐，玄聖體天地生物之心，法造化冲和之德，尚柔弱，戒剛强，以教養天下，故引王公稱孤、寡爲喻，曰："人之所惡，惟孤、寡、不穀，而王公以爲稱。"則是尚柔弱，而反以孤、寡爲我善也。況其下者，可以智力自尚，而不知剛强爲戒乎？

　　故物或損之而益，益之而損。或之者，當天理未定之時，人欲方熾，惟知以智力自尚，剛强爲勝，柔者受損，剛者受益。及乎天理既定，則柔者益，剛者損矣。人之未聞道者，往往尚智力，騁剛强，又教人以剛强爲善，亦猶我之尚中和，守柔弱，教人以柔弱爲善也。聖愚之所見，不同天壤如此。然則强梁者終不得其正死，是可戒也。吾將正爲教父，"見不賢而内自省"《論語·里仁》，是亦教誨之而已。修身而不明此，則無以致吾身之中和；治國而不明此，則無以育天地間之萬物。

　　《經》曰：**天下之至柔，馳騁天下之至堅。無有入于無間，**

吾是以知無爲之有益。不言之教，無爲之益，天下希及之。四十三章。

《原旨》曰：上章發明冲和之德，以戒"強梁者不得其死"。此章言至柔之理，以明"馳騁天下之至堅"。是皆天道自然之理，聖人表而出之，以戒天下，非托於空言者也。何以明之？觀天運太虛，今古不息，孰使之然哉？必有載而運之者矣。故曰：浮天載地者，氣也，水也。晉代郭璞《玄中記》："天下之多者水焉，浮天載地。"氣乃無形之水，水乃有形之氣。水至柔而攻堅強者莫之能勝，氣至柔而馳騁至堅者無以加焉。聖人言至柔而不言氣，氣其在矣。天以冲和至柔之氣，行乎乾健至剛之體，是天下之至柔，馳騁天下之至堅也。無有入於無間。無有，氣也。氣無質，故曰無有。無間，空虛也。觀無有之氣入於太虛空無之間，氣無爲而四時自行，四時不言而百物自生，益亦廣矣。吾是以知無爲之有益。"不言之教，無爲之益，天下希及之"《老子》四十三章，"希及之"云者，嗟歎之辭也。

聖人體天道而處無爲之事，行不言之教，以教天下。簡易明白，宜可信也。何天下希有信及者乎？信既不及，其何以行之哉？聖人固無欲人必已信之心，然而嗟歎之辭，有不容不發。此道惟老孔得之，而不得行於當世。故孔子亦有"予欲無言"之歎，又曰："如有用我者，吾其爲東周乎？"上二句語見《論語·陽貨》。聖人之憂以天下、以道自任也如此。是豈果欲無言哉？是豈不欲行於當世哉？必有不得已者而已之者矣。

《經》曰：名與身孰親？身與貨孰多？得與亡孰病？是故甚愛必大費，多藏必厚亡。知足不辱，知止不殆，可以長久。四十四章。

《原旨》曰：養生全身，所以全吾天也。養生而不知全身，全身而不知全天，則是芻豢之養矣。物之具氣體於天地間者，莫不有養焉。天之所與，一物一理，小大有分，脩短有數，初不待求，而養者未嘗不足。惟不待求，故未見求而得所養，不求不得所養。使求而得所養，不求不得所養，則是天將容私，欲人之賂己。欲人之賂己，則有情者長得所養而不死，無情者不得所養而幾乎絶矣。是何足以言天之至公哉？惟不待求，故不可求，此其所以爲天也。何獨人而不知察，妄有求益所養之心乎？

苟有求益所養之心，則名之貪、貨之黷，不亡於此，則亡於彼，反不得全其天之所與養，是可悲也。聖人憫其不悟而誨之，以名比身，二者孰親？以身比貨，二者孰多？以得比亡，二者孰病？所愛既甚，所費必大；所藏既多，所亡必厚。惟知足而不甚愛，則不致辱之病；知止而不厚藏，則不致殆之病。然後可以盡吾養之善，而吾之天者全矣。是則可以長久也。爲上而知此道，則不待下之求，而不廢所與養。爲下而知此道，則不敢上之求，而安吾所自養。不甚愛，不多藏，知止，知足，各全所養，則家可長，國可久矣。

《經》曰：大成若缺，其用不敝。大盈若沖，其用不窮。大直若屈，大巧若拙，大辯若訥。躁勝寒，静勝熱，清静爲天下正。四十五章。

《原旨》曰：《謙》之時義大矣哉！本節以《易》之《謙》義解《經》本文。①"天道虧盈而益謙"，故"下濟而光明"。"大成若

---

① 《易》："謙，亨，君子有終。"《象》曰："謙，亨。天道下濟而光明，地道卑而上行。天道虧盈而益謙，地道變盈而流謙，鬼神害盈而福謙，人道惡盈而好謙。謙，尊而光，卑而不可逾，君子之終也。"《象》曰："地中有山，謙。君子以裒多益寡，稱物平施。"

缺"，其用不敝竭也。"地道變削減使之改變盈而流流注使之充實謙"，故卑而上行。"大盈若沖古字爲"盅"，訓"虛"，空虛之意，其用不窮"也。"鬼神害盈而福謙"，① 故"尊而光"，"大直若屈"也。"人道惡盈驕橫淫佚而好謙"，故"卑而不可踰"，"大巧若拙"也。"君子以裒 póu，減少多益寡，稱物平施"，"大辯若訥"也。"躁勝寒"，地在山上也。"靜勝熱"，山在地下也。"清靜爲天下正"，"謙，亨，君子有終"，"萬民服也"《易·謙》"九三"小象傳。噫嘻！《易》《老》之道，同出異名。《道德》演於《墳》《典》，《易象》則於《圖》《書》，② 一皆觀天道以明人道者也。

上章言名貨以戒愛藏，言得亡以明止足，則裒益平施之義可見。下章言可欲、不知足、欲得以戒罪禍咎，《謙》之義可見。或曰：勝，極也。躁極則寒，靜極則熱，此以氣言也；或曰：躁能勝寒，靜能勝熱，此以理言也；《謙》其在矣。然則《謙》之"六五"曰："不富以其鄰，利用侵伐。""上六"曰："鳴謙，利用行師，征邑國。"而此下章曰："天下有道，却走馬以糞。天下無道，戎馬生於郊。"則《謙》言侵伐行師，無乃不可乎？知卑而不可踰，裒益平施則可也，若必至戎馬生郊，《謙》何取焉？老聖之道，以柔勝剛，故與《謙》合。申韓不善學，流入

---

① "鬼神害盈而福謙"：害，作祟。盈，貪黷積惡。福，福佑。謙，清廉積善。句意謂鬼神作祟積惡之人而福佑積善之人，即《易·坤·文言》所謂"積善之家，必有餘慶；積不善之家，必有餘殃"。

② 《圖》即《河圖》，《書》即《洛書》，亦作《雒書》，傳伏羲時有龍馬出於黃河，背有旋毛如星點，稱作龍圖，伏羲取法以畫八卦。夏禹治水時有神龜出於洛水，背有裂紋如文字，稱作《洛書》，禹則之而作《尚書·洪範》。後世儒家以此來說明《易》之卦象及《尚書》之"洪範九疇"製作之所自。如《易·繫辭上》："河出《圖》，洛出《書》，聖人則之。"

刑名，爲聖門萬世罪人，哀哉！

《經》曰：天下有道，却走馬以糞。天下無道，戎馬生於郊。罪莫大於可欲，禍莫大於不知足，咎莫大於欲得。故知足之足，常足矣。四十六章。

《原旨》曰：古之有天下者，土地之廣、人民之衆、君壽之脩短，唐虞而上，遠不可稽。見之《禹貢》之辭，則知堯、舜之朝，"東漸於海，西被於流沙，朔南暨及，到達，聲教聲威教化訖qì，窮盡於四海"，人民如其地。堯爲天子，舜、禹、稷、契殷之先祖，高辛氏之子，堯、舜時爲司徒、咎繇即皋陶（gāo yáo），舜時的司法官爲臣。"蕩蕩乎！民無能名焉。"《論語·泰伯》。形于《擊壤》之歌，則知爲有道之世也。堯未甚老，而遜遜位之舜。舜遵堯之道，未甚老，而遜之禹。堯、舜皆不失天下之尊榮，皆天壽百餘齡，而子孫皆不失土地之封，不廢烝嘗冬祭曰烝，秋祭曰嘗，泛指祭祀之義。如二聖人者，可謂"知足之足，常足矣"。

"天下有道，却走馬以糞"，唐虞之盛可見。"天下無道，戎馬生於郊"，夏商之衰可見。"罪莫大於可欲"，甚愛大費也。"禍莫大於不知足"，多藏厚亡也。"咎莫大於欲得"，我所欲得，人亦欲得，天下胡爲不争？戎馬胡爲不生？如惡無道以就有道，莫若不爲夏商之衰，求爲唐虞之盛。知足常足，將不失堯、舜之尊榮。然則天下有道云者，必得君如堯、舜，臣如咎、夔堯時樂官，民如唐虞之民，則比屋可封見《原旨》釋經文十八章之脚注，人人皆知天下之重，而不以害其生。孰有可欲之罪、不知足之禍、欲得之咎者哉？

《經》曰：不出户，知天下。不窺牖，見天道。其出彌遠，其知彌少。是以聖人不行而知，不見而名，不爲而成。四十七章。

《原旨》曰："不出戶，知天下"，爲有道聖人言也。得不爲堯讓許由①者言乎？"不窺牖，見天道。"由辭堯讓曰："日月出矣"，"時雨降矣"，爝 jué 火小火之光，灌溉之澤，不亦難且勞乎！②由之不出箕山，所以知天下既已治也。出彌遠而知彌少，爲不知足止者道。"不行而知"，由之所以不復代堯也。"不見而名"，吾將爲名乎？吾將爲賓乎？③"無爲而成"，吾無所用天下爲。由不受堯讓，是不出戶而成萬世之名，殆賢於堯矣。

巢父④之牛，不飲洗耳之水，是不窺牖而無是非之名，又賢於由矣。堯授舜，舜授禹，堯、舜有道有位之聖人，巢、由有道無位之聖人。如巢、由者，可謂無功名而功名，則是無爲而成者也。莊子與惠子觀魚於濠上，莊子曰："儵 tiáo 魚一種小白魚出游從容，是魚樂也。"惠子曰："子非魚，安知魚之樂？"曰："吾知之濠上矣。"莊、惠之辯見《莊子·秋水》。濠梁之水深，網罟不到，魚不待出濠梁而知天下之水，不免有網罟之害，故樂其從容而不出。魚之不出濠梁，是巢、由之不出箕山也。噫！微無後王無以見堯、舜之聖，微堯、舜無以見巢、由之高。

---

① 許由：亦作許繇，堯時隱士。相傳堯讓天下於許由，不受，遁耕於穎水之陽，箕山之下。堯又召由爲九州牧，由惡聞其聲，遂臨水洗耳。

② 《莊子·逍遥遊》："堯讓天下於許由，曰：'日月出矣，而爝火不息，其於光也，不亦難乎！時雨降矣，而猶浸灌，其於澤也，不亦勞乎！夫子立而天下治，而我猶尸之，吾自視缺然。請致天下。'"

③ 《莊子·逍遥遊》："許由曰：'子治天下，天下既已治也。而我猶代子，吾將爲名乎？名者實之賓也，吾將爲賓乎？'"

④ 巢父：堯時隱士。山居不營世利，年老以樹爲巢而寢其上，時人號曰巢父。堯讓天下於許由，他教許由隱居。

《經》曰：爲學日益，爲道日損。損之又損，以至於無爲，無爲而無不爲。取天下常以無事，及其有事，不足以取天下。四十八章。

《原旨》曰："爲學日益"，衆人之道也；"爲道日損"，聖人之道也。上知同"智"，心智超卓之人，即孔子所謂"生而知之者"不能無人心，下愚心智愚鈍之人，有似於孔子所謂"困而不學"者不能無道心。① 若堯授舜曰："允執厥中"，《論語·堯曰》："咨爾舜，天之曆數在爾躬，允執其中。"又何損焉？舜授禹加以人心道心危微之言，則損之所不免也。"損之又損，以至於無爲，無爲而無不爲。"損之云者，損去人欲也。又損云者，人欲去得净盡也。人欲净盡，則無徇己之爲。無徇己之爲，則凡所爲者皆天理之所當爲，而不可不爲也。如禹之治水，"三過其門而不入"，《孟子·離婁下》："禹、稷當平世，三過其門而不入，孔子賢之。"勞可見矣，而曰"行其所無事"，《孟子·離婁下》："禹之行水也，行其所無事也。"于以見禹之爲，皆所當爲而不可不爲者也。

"取天下常以無事"，取之云者，非取天下之土地子女也，非取天下之犬馬玉帛也，樂取諸人以爲善也；《孟子·公孫丑上》："大舜有大焉，善與人同。舍己從人，樂取於人以爲善。"無事云者，"行其所無事"也。惟能樂取諸人以爲善，而"行其所無事"，則天下歸之，"猶水之就下也"。《孟子·告子上》："人性之善也，猶水之就下也。""及其有事，則不足以取天下。"有事云者，謂人莫己若而欲强人之從己也。强人之從己，衆人之道也，烏足以取天下哉？

---

① 上二語中"上知""下愚"本自《論語·陽貨》："唯上智與下愚不移。"又《論語·季氏》："生而知之者，上也；學而知之者，次也；困而學之，又其次也；困而不學，民斯爲下矣。""人心""道心"本自《尚書·大禹謨》："人心惟危，道心惟微。惟精惟一，允執厥中。"

《書》曰："罔違道以干求百姓之譽稱頌，罔咈 fú，同"拂"，違逆百姓以從己之欲。"《尚書·大禹謨》斯言得之矣。

《經》曰：聖人無常心，以百姓心爲心。善者，吾善之；不善者，吾亦善之；德善。信者，吾信之；不信者，吾亦信之；德信。聖人在天下，惵惵①爲天下渾其心。百姓皆注其耳目，聖人皆孩之。四十九章。

《原旨》曰：聖人應物不先物，故"無常心"。此承上章之旨，狀其成德，言道可常，心不可常。道常則所應皆理，心常則應不免欲，是未到聖人地也。聖人之心，太空無雲，止水無波，②魚躍鳶飛，《詩·大雅·旱麓》："鳶飛戾天，魚躍于淵。"物無不應，故能民同胞、物吾與，③"上下與天地同流"，《孟子·盡心上》："夫君子所過者化，所存者神，上下與天地同流。"一以百姓之心爲心。以百姓之心爲心，則物無忤者，應之以理而已。善者，吾應之以善；不善者，吾亦應之以善，德善。信者，吾應之以信；不信者，吾亦應之以信，德信。德無常師，主善爲師，是以天下之善爲善，人無有不善也；以天下之信爲信，人無有不信也。

"聖人在天下，惵惵爲天下渾其心"，言有位之聖人，如帝

---

① 惵惵（dié dié）：恐懼貌，帛書《老子》甲乙本、通行本此處均作"歙歙"，意謂聖人之在天下，收斂、滌除自己的主觀意欲，使天下人心回歸其渾樸。

② "聖人之心"以下三句：意謂聖人之心虛靈明澈，無染無著，寂然不動之境。宋胡混成編《金丹正宗》："今夫修丹之士……下手立基之始，必先斷滅一切念頭，離諸妄想，勇於精進，無染無著，物我兩忘，專炁致柔，回光返照，虛心實腹，昏昏默默，存無守有，若亡若存，精習靜定，使吾心如止水無波，太空無雲，至寂然不動之境。"

③ "民同胞、物吾與"：意即世人皆吾同胞，萬物皆爲吾同輩。後指泛愛一切人和物。語本張載《西銘》："民吾同胞，物吾與也。"

堯之在悠遊自在宥寬容自得天下也。舜告禹曰："稽于衆，舍己從人，不虐無告，不廢困窮，惟帝時克。"《尚書·大禹謨》。則慄慄渾其心，於焉見矣。百姓皆注其耳目視聽，天視民視，天聽民聽，《尚書·泰誓》："天視自我民視，天聽自我民聽。"德化流行，人心所歸。聖人皆孩之，一以赤子而視之也。若夫齧（niè）缺堯時賢人。學於王倪，許由嘗師事之。事迹、言論詳見《莊子·天地》之爲人，"可以爲衆父，而不可以爲衆父父"者，則去帝堯之一間焉耳。

《經》曰：出生入死。生之徒，十有三；死之徒，十有三；人之生，動之死地，亦十有三。夫何故？以其生生之厚。蓋聞善攝生者，陸行不遇兕 sì，犀牛虎，入軍不被甲兵。兕無所投其角，虎無所措其爪，兵無所容其刃。夫何故？以其無死地。五十章。

《原旨》曰：品物之盈天地間，莫不有族有祖。族言其衆，祖言其親。天地，萬物之大蘧 qú 廬猶傳舍，古時驛站供人休息的房舍。《莊子·天運》："仁義，先王之蘧廬也，止可以一宿，而不可久處。"也。"出生入死"，生則有死，死則有生，天理之常，何容心焉。知吾之出者入者未嘗生，未嘗死，則其生之徒者誰乎？死之徒者誰乎？之生之死者又其誰乎？生十有三，死十有三，之生之死十有三，是九也。彼何物者耶？道之爲物十，三才各得其三，其一則太極之祖。生之徒天三陽，輕清之氣，日月星辰之徒也。死之徒地三陰，重濁之氣，山川草木之徒也。之生之死人三元，冲和之氣，精氣神也。人之爲人，莫不兼是三才者，而又抱太極之祖，乃有其生，孟軻所謂"萬物皆備於我"《孟子·盡心上》者。

人亦貴矣，既得其生，乃不自貴，養吾之祖而親者，而乃動之死地，是可哀也！夫何故？以其忘吾之所自貴，反有過求外物，益其厚養之心。是之謂生生之厚，計亦左偏差、違背矣。一有心於此，則探虎穴，蹈白刃，不顧危亡，無不爲已。蓋聞善攝生者，"陸行不遇兕虎"，無探穴之心也；"入軍不被甲兵"，無蹈刃之心也。兕何從而投其角？虎何從而措其爪？兵何從而容其刃？夫何故？以其吾無致死之地，物亦無傷焉。

《經》曰：道生之，德畜之，物形之，勢成之。是以萬物莫不尊道而貴德。道之尊，德之貴，夫莫之爵而常自然。故道生之、畜之、長之、育之、成之、熟之、養之、覆之。生而不有，爲而不恃，長而不宰，是謂玄德。五十一章。

《原旨》曰：道生、德畜、物形、勢成，此承上章之旨，言天地庶物皆道氣所生。道，物之祖也，衆妙在焉。其爲物不貳，生物不測者乎？《中庸》："天地之道，可一言而盡也：其爲物不貳，則其生物不測。" 德，物之族也，一之未形者在焉。含畜功至，物得以形勢。一之既形者，物各成其態也。勢成則貌象聲色具焉。大而天之穹窿，地之磅礴，微而食醯 xī，酒甕里的蠛蠓。《莊子·至樂》："斯彌爲食醯"，朝菌朝生暮死的菌類植物。《莊子·逍遥遊》："朝菌不知晦朔，蟪蛄不知春秋。" 之化，蜩 tiáo 甲蟬蛻落的外殼蛇蛻 tuì，蛇蛻落的皮。《莊子·寓言》："予，蜩甲也，蛇蛻也，似之而非也。" 之假，一皆祖族道德而爲物者也。是以萬物莫不尊道而貴德。"道之尊，德之貴"，莫之爵而常自然。謂之族，謂之祖，則是子天地而孫萬物也，又誰爵焉？道德之常，自然而已。故曰："生之、畜之、長之、育之、成之、熟之、養之、覆之。生而不有，爲而不恃，長而不宰，是謂玄德。" 聖人體道爲心，曲成萬物以各種方式成就萬物。《易·繫辭上》："範圍天地之化而不過，曲成萬物而不遺。" 而不宰，其德玄矣。舜之玄德升聞，亦此道也。

《經》曰：天下有始，以爲天下母。既得其母，以知其子。既知其子，復守其母，沒身不殆。塞其兌，閉其門，終身不勤。開其兌，濟其事，終身不救。見小曰明，守柔曰强。用其光，復歸其明，無遺身殃，是謂襲常。五十二章。

《原旨》曰："天下有始"，始一也。有父母未生之始，有天地未兆之始，有未始有始之始，其來尚矣。可不謂"神得一以靈"乎？道言神明，釋言靈光，儒言聰明，同一始也。"以爲天下母"，母者，萬物之所從出。人莫不有是母也。"既得其母"，神生明也。"以知其子"，明生光也。"既知其子，復守其母"，知其光當守，其明而不離也。光不離明，則神明者存，身雖沒而明不殆也。母亦氣也，子神也。神氣相守，則光明生焉。養生家所謂塞兌垂簾、① 收視返聽，② 蓋本諸此。"塞其兌，閉其門"，爲己之道也。内得其養，則神明者存，神明存而終身不勤宜矣。"開其兌，濟其事"，爲人之道也。外得其養，則發而爲事業，事業濟而終身不救亦宜矣。

故"伏羲得之，以襲氣母；黄帝得之，以登雲天"。語見《莊子·大宗師》，原文與此略異。而湯武以不百年之身，謀建千載之業。夫内聖外王之道，③ 不同如此。"見小曰明"，知微知彰也，小有

---

① 《丘祖秘傳大丹直指·論塞兌垂簾》："塞兌者，口開神氣散，故塞之也；垂簾者，眼全開神漏，全閉神昏，惟垂簾微啓耳。"

② 收視返聽：形容專心致志，心無旁騖，凝神寂慮，摒除見聞。陸機《文賦》："其始也，皆收視反聽，耽思傍訊。"李善注："收視反聽，言不視聽也。"宋代晁迥《昭德新編》："入道之門，愚自立法，收視反聽，絀聰明以求性，撫心定氣，務恬虛以養智，守而勿失，用之不匱。過此以往，則非愚意。"

③ 内聖外王：内修聖德，外施王化。《莊子·天下》："是故内聖外王之道，闇而不明，鬱而不發，天下之人各爲其所欲焉以自爲方。"

子之義。"守柔曰強",知柔知剛也,柔有母之義。"用其光",光,子也,母召其子也。"復歸其明",明,母也,子隱母胎也。此其爲知子守母之道也。守而不失,則殃不及身。"是謂襲常",襲,合也,合乎大常。所謂"允執厥中"《尚書·大禹謨》,所謂"獨立不改"《老子》二十五章,所謂"不與萬法爲侶",① 同此道也。豈非大丈夫之出世,功成名遂者乎?

《經》曰:使我介然有知,行於大道,惟施是畏。大道甚夷,而民好徑。朝朝政,**宮室甚除**廢弛,敗污,**田甚蕪,倉甚虛。服文采,帶利劍,猒飲食,財貨有餘,是謂盜誇。非道也哉!** 五十三章。

《原旨》曰:老聖歎三代下衰,諸侯更霸,民不聊生,因設辭以自況曰:"使我介然有爲治之知,行於大道,惟施是畏"爾,言不生事也。上不生事則民安,民安則國治。所謂"無怠怠惰無荒荒廢,四夷來王歸往。"《尚書·大禹謨》。大道,正路也。徑,旁蹊也。言當時諸侯卿大夫貪功黷武,好貨尚奢,舍正路而弗由,《孟子·離婁上》:"仁,人之安宅也;義,人之正路也。曠安宅而弗居,舍正路而不由,哀哉!"又《孟子·告子上》:"仁,人心也;義,人路也。舍其路而弗由,放其心而不知求,哀哉!"務先權謀,啓天下之爭奪。

"朝甚除",官冗而宮室侈。"田甚蕪",民散而田野荒。"倉甚虛",粟耗而倉廩竭,甚矣!衣取其蔽體可也,何必服文采?佩取其安常可也,何必帶利劍?飲食取其實腹,何必膏粱而取饜?財貨取其適用,何必珍寶而有餘?此皆無益於生,有害於

---

① 宋普濟《五燈會元》卷三載:中唐時龐蘊居士曾謁石頭和尚(石頭希遷),問曰:"不與萬法爲侶者是甚麼人?"石頭和尚以手掩其口,龐蘊豁然有省。後參訪馬祖(馬祖道一),問曰:"不與萬法爲侶者是甚麼人?"祖曰:"待汝一口吸盡西江水,即向汝道。"遂於言下,頓悟玄旨。

治，是謂爲盜而誇富於人，非聖人之道也。

《經》曰：善建者不拔，善抱者不脫，子孫祭祀不輟。修之身，其德乃真；修之家，其德乃餘；修之鄉，其德乃長；修之國，其德乃豐；修之天下，其德乃普。故以身觀身，以家觀家，以鄉觀鄉，以國觀國，以天下觀天下。吾何以知天下之然哉？以此。五十四章。

《原旨》曰：《洪範》之"建用皇極"，所以爲民作則也；聖人之"抱一爲天下式"《老子》二十二章，所以爲民立命也。建必如天地之建光嶽三光五嶽，終古不拔；抱必如河海之抱堪輿天道與地道，泛指天地，終古不脫，始可言善。禹成水土功，輔成五服，① 外薄四海，建五長，② 宜可不拔也。有社稷，有人民，宜可不脫也。有啓之賢，而傳之家，子孫祭祀，宜可不輟也。奈何有禹之祖，有桀之孫！桀昏德，民墜塗炭，人心一去，社稷隨失，祖宗烝嘗安在哉？由桀罔知身修一至於此。商紂亦然。故聖人不得不言："蓋自天子至於庶人，壹是皆以脩身爲本。"《大學》。然"道之真以治身，緒餘以治國家，土苴jū，土芥，糟粕以治天下"《莊子·讓王》。治益廣，道益疏，當知所慎。

"脩之身，其德乃真"，慎厥身脩，思求真其在矣；"脩之家，其德乃餘"，能克家則善有餘慶也；"脩之鄉，其德乃長"，"斯友一鄉之善士"③ 也；"修之國，其德乃豐"，國人皆好之

---

① 《尚書·益稷》："弼成五服，至于五千。"孔傳曰："五服：侯、甸、綏、要、荒服也。服五百里，四方相距爲方五千里。"

② 五長：五國諸侯之長。《尚書·益稷》："惟荒度土功，弼成五服，至於五千。州有十二師，外薄四海，咸建五長，各迪有功。"

③ 《孟子·萬章下》："一鄉之善士斯友一鄉之善士，一國之善士斯友一國之善士，天下之善士斯友天下之善士。"

也；"修之天下，其德乃普"，天下慕之也。故"以身觀身"，則身修；"以家觀家"，則家齊；"以鄉觀鄉"，則鄉長；"以國觀國"，則國治；"以天下觀天下"，則天下平。吾何以知其然哉？以此道而觀之，斯可知也。

《經》曰：含德之厚，比於赤子。毒蟲不螫，猛獸不據，攫鳥不搏。骨弱筋柔而握固。未知牝牡之合而朘zuī，男孩的生殖器作，精之至也。終日號而嗌yì，喉嚨不嗄shà，啞，和之至也。知和曰常，知常曰明。益生曰祥。心使氣曰強。物壯則老，是謂不道，不道早已。五十五章。

《原旨》曰："含德之厚"上章言修德觀德，不言所以爲德；此言"含德之厚，比於赤子"，是以赤子之德爲德也。觀其精全氣和，柔弱真常，赤子之德可見。如毒蟲、猛獸、攫鳥，皆物之至惡，有毒害之心者，於赤子則不螫、不據、不搏也。此無他，柔德之至矣。"出生入死"章"無死地"，其德似之。是數惡蟲，皆物之有毒而無知者也，尚不害於赤子，況大人"不失其赤子之心"，《孟子·離婁下》："大人者，不失其赤子之心者也。"則彼惡人雖有不善，豈無知乎？自無可加害之地也。赤子骨弱筋柔，初無甚大氣力，而握則能固，"未知牝牡之合"，初無交媾之情，朘有時而作，精全之至也。

"終日號而嗌不嗄"，氣和之至也。和乃德之常，知和則常，知常則明，明則無不容矣。"益生曰祥"，祥，妖也。有益生之心，則善復爲妖也。"心使氣曰強"，近死之心也，心使氣則近死之徵也。"物壯則老"，老則死矣，謂之不道。此無他，柔德既失，非長久之道也，早亡而已。

《經》曰：知者不言，言者不知。塞其兌，閉其門，挫其銳，解其紛，和其光，同其塵，是謂玄同。不可得而親，不可得而疏；不可得而利，不可得而害；不可得而貴，不可得而賤。故爲天下貴。五十六章。

《原旨》曰：懷道之士，能污能隆，與時消長；可愚可知，與世浮沉。若南郭子綦 qí 之隱几事見《莊子·齊物論》，顏子即孔子弟子顏回之如愚，則是知者不言。若公孫龍①之辯，則言者不知也。吁！"其知可及也，其愚不可及也。"② 塞兌、閉門、挫銳、解紛、和光、同塵，六者玄同。故"不可得而親"，無譽勸之心也；"不可得而疏"，無毀沮之心也；"不可得而利"，無希慕之心也；"不可得而害"，無仇敵之心也；"不可得而貴"，無功名之心也；"不可得而賤"，無寵辱之心也。凡此皆不足以累其心，然後能安時處順。③"其生若浮，其死若休。"《莊子·刻意》。"死生無變於己，而況利害之端乎！"《莊子·齊物論》。是能淵默雷聲，玄同萬象，神動天隨，④ 不露圭角鋒芒，衆人有所不識焉。故爲天下貴。

《經》曰：以正治國，以奇用兵，以無事取天下。吾何以知

---

① 公孫龍（約前 320—前 250）：字子秉，戰國時趙人，名家代表人物。能言善辯，以"白馬非馬""離堅白"等論著稱，著有《公孫龍子》。
② 《論語·公冶長》："寧武子，邦有道，則知；邦無道，則愚。其知可及也，其愚不可及也。"
③ 《莊子·大宗師》："且夫得者，時也，失者，順也；安時而處順，哀樂不能入也。此古之所謂縣解也。"又《莊子·養生主》："適來，夫子時也；適去，夫子順也。安時而處順，哀樂不能入也，古者謂是帝之懸解。"
④ 《莊子·在宥》："故君子苟能無解其五藏，無擢其聰明，尸居而龍見，淵默而雷聲，神動而天隨，從容無爲而萬物炊累焉。"

天下之然哉？以此。天下多忌諱，而民彌貧；民多利器，國家滋昏；人多伎巧，奇物滋起；法令滋彰，盜賊多有。故聖人云：我無爲，而民自化；我好靜，而民自正；我無事，而民自富；我無欲，而民自樸。五十七章。

《原旨》曰：正，政也。堯之"庶績咸熙"，衆功皆廣，百業興旺。《尚書·堯典》："允釐百工，庶績咸熙。"舜之"百揆時叙"，各種政務莫不承順。《尚書·舜典》："納於百揆，百揆時叙。""以正治國"也。奇乃正之變。禹之"班師振旅，七旬有苗格"《尚書·大禹謨》，"以奇用兵"也。湯以葛伯夏末葛國國君不祀而征，遂滅十一國。桀放指湯放桀於南巢而有諸夏，奇之次也。周以紂不道而伐，大會盟津，戰于牧野今河南淇縣西南，紂焚而有諸商，又其次矣。《兵法》曰："上兵伐謀，其次伐交，其次伐兵。"《孫子兵法·謀攻篇》。於禹格有苗，湯征夏，周伐商見之。降此而下，奇變爲詐，詐變爲亂矣。"以無事取天下"，即章末無爲好靜，無事無欲之旨。吾何以知其然哉？以此周室中衰，厲王好利，以榮公①爲卿，專利害民，使衛巫監謗，以告則殺，"天下多忌諱，而民彌貧"矣。淮夷入寇古代居於淮河流域的部族，民相與爲畔，襲王奔彘，共和行政，國人暴動，厲王奔彘，大臣周定公與召穆公代理政務，史稱"共和行政"。

"民多利器，國家滋昏"矣。幽王淫昏，以石父②爲卿，佞巧好利，用事專任，政治多邪，諸侯或畔，戎狄殺之，"人多伎巧，奇物滋起。法令滋彰，盜賊多有"矣。故聖人云："我無爲，而民自化；我好靜，而民自正；我無事，而民自富；我無

---

① 榮公：即榮夷公，西周時榮國國君，受周厲王寵信及重用，爲卿士。大夫芮良夫批評其"好專利而不知大難"。
② 石父：即虢石父，周幽王時大臣，深得幽王寵信，任爲上卿。善諛好利，國人皆怨。

欲，而民自樸。"古聖之言，玄聖引以爲證，得非《墳》《典》之言與？幽王二年前780年，西周三川震。太史伯陽父曰："昔伊洛竭而夏亡，河竭而商亡，今周德若三代之季矣，不過十年，數之紀也。"事見《國語·周語上》。是歲三川竭，岐山崩。三年廢申后申國國君申侯之女，并去廢黜太子宜臼姬宜臼，幽王嫡子，申后所生，寵褒姒幽王寵妃。姒姓，褒國人，故稱以爲后，以子伯服爲太子。伯陽讀史記曰："周亡矣！"十一年，王欲殺故太子宜臼，王伐申，申侯與鄫人召西夷犬戎，攻殺王，立故太子宜臼，是爲平王，徙居東都洛陽，西周果廢。伯陽，老聖字。老聖昔事西伯指周文王爲藏史，仕成王爲柱下史，幽王時爲太史。修道養壽，屢掌史帙，演著《玄經》，龜鑑萬世。吾所謂無名古史，益可驗矣。當時位雖人臣，而道冠百王，是有道無位之聖人也。

《經》曰：其政悶悶，其民淳淳；其政察察，其民缺缺狡黠。禍兮福所倚，福兮禍所伏，孰知其極？其無正耶？正復爲奇，善復爲妖。民之迷，其日固久。是以聖人方而不割，廉而不劌，直而不肆，光而不耀。五十八章。

《原旨》曰：政如夫子"爲政以德"《論語·爲政》之政。"悶悶"，"齊之以禮"也。政教寬大，其民樂業，風俗淳淳。"察察"，"齊之以刑"也。《論語·爲政》："道之以政，齊之以刑，民免而無恥；道之以德，齊之以禮，有恥且格。"政令嚴峻，其民罔措，舉動缺缺。所謂上刻核苛刻太至，則下應之以不肖。

"禍兮福所倚，福兮禍所伏。"恃福作威，禍其將至。畏禍修德，福其將至。禍福倚伏，如寒暑然，"孰知其極？"盈虛消息，物極則變。"其無正耶？"天道靡常耶？疑審之辭。禹陟帝位，正也，于其子孫弗率。皇天降災，假手于湯，"正復爲奇"

矣。湯征自葛古國名，位於今河南寧陵縣西北善也，惟受罪浮于桀，假手于周，"善復爲妖"也。"民之迷，其日固久"，知存而不知亡，知得而不知喪，由來遠矣。曰方、曰廉、曰直、曰光，斯在內者也；不割、不劌、不肆、不耀，斯在外者也。聖人務內不務外，是以"方而不割，廉而不劌，直而不肆，光而不耀"。正其在我者，則有不待正而彼將自正矣，惡有所謂爲奇爲妖者哉？

道德玄經原旨卷之三

道德玄經原旨卷之四

教門高士當塗杜道堅注

《經》曰：治人事天，莫若嗇。夫唯嗇，是謂早服；早服謂之重積德；重積德則無不克；無不克則莫知其極；莫知其極，可以有國；有國之母，可以長久。是謂深根固蔕，長生久視之道。五十九章。

《原旨》曰："治人"，養其外者也。知身所當養，則知人所當養，物所當養也。"事天"，養其內者也。知心所當養，則知精神所當養。凡天之在我者，無不當養也。養之道莫若嗇。嗇，保愛也。"夫惟嗇，是謂早服"，亟服勤所以養之道。"早服謂之重積德"，惟能亟亟服勤所養，則積德斯厚矣。"重積德則無不克"，積德既厚，則內外交養之功至。人得其養，則惟危者安；天得其養，則惟微者明。"無不克，莫知其極"，惟精惟一，在其中矣。

"莫知其極，是以有國"，國猶身也，身所當養，國所當養。"有國之母，可以長久。"母，道也。治人有道則國昌，事天有道則身康，國昌身康，久長可保。"是謂深根固蔕，長生久視之道。"國以民爲根，身以心爲柢根柢。根深則民安，柢固則神安。民安則國無有不長，神安則身無有不久矣。老子之"治人事天"，《書》之"祈天永命"《尚書·召誥》，一也。

《經》曰：治大國，若烹小鮮。以道莅天下者，其鬼不神；非其鬼不神，其神不傷人；非其神不傷人，聖人亦不傷人。夫兩不相傷，故德交歸焉。六十章。

《原旨》曰："治大國，若烹小鮮。"小鮮，細魚也。烹細魚，撓攪之亦糜爛，傷火亦糜，有中道焉。大國，有天下者也。民猶小鮮也，政猶火也，撓之亦損，傷政亦損。"以道莅天下，其鬼不神。"鬼神，天地神祇 qí，地神。《尸子》："天神曰靈，地神曰祇，人神曰鬼。"此處泛指神靈，陰陽之氣。天地有鬼神，猶國之有臣佐。以道莅天下者，聖人無爲乎上，賢人有爲乎下，上下不失其道，則陰陽之氣不差，災害不作，"其鬼不神"也。爕理協理之功，斯見"其鬼不神"，則曰暘 yáng，晴天而暘，曰雨而雨，《尚書·洪範》："庶徵：曰雨，曰暘，曰燠，曰寒，曰風。"人無扎瘥 cuó，疾疫，物無疵癘 cī lì，災害，疫病，五穀熟而人民育矣，《莊子·逍遙遊》："其神凝，使物不疵癘而年穀熟。"《孟子·滕文公上》："后稷教民稼穡，樹藝五穀，五穀熟而民人育。"其神亦不傷人也。"其神不傷人"，道泰時亨，物阜民富，下有常輸，上無苛歛，"聖人亦不傷人也"。嗚呼！民，天之赤子；君，天之元子。"元者，善之長也。"《易·乾·文言》。長不傷幼，天必祐之，是之謂"兩不相傷，故德交歸焉"。于以見"皇天無親，惟德是輔"《尚書·蔡仲之命》。

《經》曰：大國者下流，天下之交，天下之交牝。牝常以靜勝牡，以靜爲下。故大國以下小國，則取小國；小國以下大國，則取大國。故或下以取，或下而取。大國不過欲兼畜人，小國不過欲入事人。兩者各得其所欲，故大者宜爲下。六十一章。

《原旨》曰："大國者下流，天下之交"，交如齊宣王問孟子交鄰國之交也。① 大國之於小國，猶大海之於江河，大者下則小者歸焉。是大國當善下，則可以交通天下之小國也。譬如天下之交牝，牝常以靜勝牡，牝以靜爲下。是大國既善下，又當以靜爲政，如牝以靜下而勝牡，則小國不待以力服，亦將自歸矣。

"故大國以下小國，則取小國"，"惟仁者爲能以大事小，故湯事葛，文王事昆夷亦作"混夷"，即西戎，殷周時西北部族名"。"小國以下大國，則取大國"，"惟智者爲能以小事大，故大王即太王，指周太王古公亶父事獯鬻 xūn yù，我國古時北方少數民族名，夏商時稱獯鬻，周時稱獫狁（xiǎn yǔn），秦漢時稱匈奴，勾踐事吳"。"或下以取"，"以大事小者，樂天者也"。"或下而取"，"以小事大者，畏天者也"。大國不過欲兼畜人，"樂天者保天下"。"小國不過欲入事人"，"畏天者保其國"。上述諸語皆以《孟子·梁惠王下》孟子對齊宣王之問作解。兩者各得其所欲，交相養而得其宜，如山嶽之於草木，不銳上豐下，則重本輕末。蓋大者處下，則小者無不容載；小者敷榮，則大者無不富庶。故大者宜爲下。孔子見老子，而後孟子出，豈無得於見聞者乎？

《經》曰：道者萬物之奧，善人之寶，不善人之所保。美言可以市，尊行可以加人。人之不善，何棄之有？故立天子，置三公，雖有拱璧拱抱之寶璧，喻極珍貴之物以先駟馬，不如坐進此道。古之所以貴此道者何？不曰求以得，有罪以免耶？故爲天下貴。六十二章。

———————

① 見《孟子·梁惠王下》："齊宣王問曰：'交鄰國有道乎？'孟子對曰：'有。惟仁者爲能以大事小，是故湯事葛，文王事昆夷。惟智者爲能以小事大，故太王事獯鬻，勾踐事吳。以大事小者，樂天者也；以小事大者，畏天者也。樂天者保天下，畏天者保其國。'"

《原旨》曰：道包天地，韫 yùn，蕴藏藏萬物，如室家之有閫 kǔn 奥內室焉。善人得之，可以爲吾身之寶；不善人得之，可以爲吾身之所保。"美言可以市"，如堯之"格！汝舜，詢事考言，乃言底可績。"《尚書·舜典》。"尊行可以加人"，"汝陟帝位"者也。美言尊行，道之發于外者，尚可以市，可以加人，況存諸內者乎？人之不善，豈無可教之資，"何棄之有"？《書》曰："知人則哲，能官知人善任人。安民則惠，黎民懷之。能哲而惠，何憂乎驩 huān 兜？傳爲堯舜時部落首領，四凶之一。何遷乎有苗亦稱三苗。堯舜時南方較強大的部族，傳説舜時被遷到三危？何畏乎巧言令色孔甚壬佞？"《尚書·皋陶謨》。觀堯之曰"吁"、曰"咈"，則四凶之不善，不待舜而後知。然聲其不善，而不即罪者，足以見堯之帝德廣運，"其仁如天"，① 而不輕殺戮也。

"故立天子，置三公。"天子作民父母，三公論道經邦，燮理陰陽，《尚書·周官》："立太師，太傅，太保。兹惟三公，論道經邦，燮理陰陽。"贊化育，安人民，保天下也。《書》曰："無曠庶官，天工人其代之。"《尚書·皋陶謨》。外此巡四岳指東嶽泰山，西嶽華山，南嶽衡山，北嶽恒山，朝諸侯，雖有拱璧之貴，駟馬之盛，然此皆外物，曾不如虛己南面，"坐進此道"，而天下自治也。古之所以貴此道者何哉？非曰求而有所得，有罪以免耶？故爲天下貴。謂"下民昏墊"《尚書·益稷》，不幸而有不善之罪，則哀而矜憐憫之曰："我罪之也。"耶者，不定之辭。非縱民爲不善，而終不見罪也，知其自有司殺者在，故執左契②而不責於人。以此"好生之德，洽

---

① 《史記·五帝本紀》："帝堯者，放勛。其仁如天，其知如神。就之如日，望之如雲。富而不驕，貴而不舒。"

② 左契：即左券，古時刻木爲契，剖分左右，個人存執一半，以求日後相合符信。

于民心"《尚書·大禹謨》。若堯者可謂天下萬世之所貴也。

《經》曰：爲無爲，事無事，味無味。大小多少，報怨以德。圖難於其易，爲大於其細。天下難事必作於易，天下大事必作於細。是以聖人終不爲大，故能成其大。夫輕諾必寡信，多易必多難。是以聖人猶難之，故終無難。六十三章。

《原旨》曰：老聖歎世道不古，智詐相欺爲亂，無以挽回人心，於是敷述上古無爲之化，以詔後世，使反鍥qiè薄刻薄之風爲淳厚之氣，其以道自任若此。"爲無爲"，法自然也；"事無事"，順天理也；"味無味"，樂恬淡也。"大小多少"，君臣民庶在焉。"報怨以德"，凡上下之交，或有不善，則當以德報爲心，如"善者，吾善之；不善者，吾亦善之"《老子》四十九章是也。"圖難於其易，爲大於其細"，謀當謹始，無使滋蔓難圖。

"天下難事必作於易，大事必作於細。"物理所在，從微至著，如《易》之"不遠復，無祇悔大悔"《易·復》"初九"，由一陽二陽，積而爲乾。"是以聖人終不爲大，故能成其大"，聖人有乾之德，不自爲大，成其大者，六陽也。"夫輕諾必寡信，多易必多難"，人心澆薄，往往如此，"靡不有初，鮮克有終"《詩·大雅·蕩》也。"是以聖人猶難之"，聖人之心，"先天下之憂而憂，後天下之樂而樂"范仲淹《岳陽樓記》，所謂有始有卒者，其惟聖人乎！惟其難之於始，"故終無難"。

《經》曰：其安易持，其未兆易謀。其脆易破，其微易散。爲之於未有，治之於未亂。合抱之木，生於毫末；九層之臺，起於累土；千里之行，始於足下。爲者敗之，執者失之。聖人無爲，故無敗；無執，故無失。民之從事，常於幾成而敗之。慎終如始，則無敗事。是以聖人欲不欲，不貴難得之貨；學不學，復衆人之所過。以輔萬物之自然，而不敢爲。六十四章。

《原旨》曰："其安易持"，此承上章之旨，言天下事物之理，欲全厥終，當慎厥初。要在承平無事之時，戒無妄舉，則安而易持。譬之事未兆則易謀，物脆則易破，微則易散也。"爲之於未有"，非有所以爲，杜之於未有也。"治之於未亂"，非有所謂治，鎮之於未亂也。故又喻木之始生於毫末，臺之始起於累土，行之始發於足下。當其始也，厥兆甚微；及其至也，木則合抱，臺則九層，行則千里。是豈一朝一夕之故哉？厥初不可不慎也。天下之事，一有心於爲，則多致乎敗；用力以執，則或致乎失。所爲"盡心力而爲之，後必有災"《孟子·梁惠王上》也。

是以聖人無必爲，故無敗事；無固執，故無失悔。凡民則不然，民之從事，常於幾成而敗之，以未聞持安之道也。慎終如始，則無敗事，惟聖者能之。是以聖如文王，"三分天下有其二，以服事殷"《論語·泰伯》，此以見"欲不欲，不貴難得之貨"也。"視民如傷看待人民如同對傷患，唯恐有所驚擾，望道而未之見"《孟子·離婁下》，此以見"學不學，復衆人之所過"也。若夫"輔萬物之自然，而不敢爲"者，終亦無爲而已。故曰：以王季周太王古公亶父之子，周文王之父，姬姓，名季歷，尊稱王季爲父，武王爲子，無憂者，其惟文王乎！

《經》曰：古之善爲道者，非以明民，將以愚之。民之難治，以其智多。是故以智治國，國之賊；不以智治國，國之福。知此兩者，亦楷式。常知楷式，是謂玄德。玄德深矣，遠矣，與物反矣，然後乃至大順。六十五章。

《原旨》曰："古之善爲道者"，如堯之治天下，而民不識不知，得不謂"非以明民，將以愚之"乎？何則？上以無爲爲政，使民由之而不知，是國之福也。民之難治，由上有以啓其智多。人之具五性指仁、義、禮、智、信，皆天所賦，莫不有自然之理，猶天之有五行。春生，仁也；夏長，禮也；秋成，義也；冬藏，智也；信通四時。故寒暑節，歲功成，旱澇不作，疵癘不生，物得以昌也。爲民司命，而不知有仁之生、禮之長、義之成，而專尚智之藏者，則是歲不春夏秋而常冬也，可以言歲乎？歲常冬則萬物藏而不育，治尚智則專聚斂而不知發，可以言治乎？所謂"與其有聚斂之臣，寧有盜臣"。①

是故以智治國者，賊其民，乃所以賊其國；不以智治國者，福其民，乃所以福其國也。知此兩者，亦可爲治之楷式。常知楷式，不尚智術，福被澤被於國，是之謂玄德。玄德云者，輔物之自然，而不以明民也。"玄德深矣，遠矣，與物返矣"，言與智治不同也。不以智治，然後以至大順，大順則萬物各遂其生成之性矣。

《經》曰：江海所以能爲百谷王者，以其善下之，故能爲百谷王。是以聖人欲上人，以其言下之；欲先人，以其身後之。是以聖人處上而民不重不以爲重，處前而民不害不以爲害。是以天下樂推而不厭。以其不爭，故天下莫能與之爭。六十六章。

《原旨》曰："江海所以能爲百谷王者，以其善下之"，此併結前數章之義也。江海善下，故能爲百谷之王，是以聖人法善下之道，而不欲自上於人。然不得已而居人之上，故曰："欲上人，以其言下之。"是位雖處上，而言則謙下也，不亦"謙受益"《尚

---

① 《大學》："孟獻子（魯之賢大夫仲孫蔑）曰：'畜馬乘，不察於雞豚；伐冰之家，不畜牛羊；百乘之家，不畜聚斂之臣。與其有聚斂之臣，寧有盜臣。'"

書‧大禹謨》：“滿招損，謙受益，時乃天道。”之謂乎？名雖先人，身則後之，自有推而上之先之者矣，惟其能下能後。

"是以聖人處上而民不重"，不以爲軋己也；"處前而民不害"，不以爲妨己也。惟其不重不害，是以天下樂推樂於推舉擁戴而不厭厭棄其在上在先也。夫何故？以其不與民争上争先，故天下莫有能與争之心。《玄經》之旨，凡言脩身，則齊家治國在焉；言治國齊家，則脩身在焉。善觀者當自有得於言外之旨。

《經》曰：天下皆謂我道大，似不肖。夫惟大，故似不肖。若肖，久矣其細也夫！我有三寶，保而持之。一曰慈，二曰儉，三曰不敢爲天下先。夫慈，故能勇；儉，故能廣；不敢爲天下先，故能成器長。今捨其慈且勇，捨其儉且廣，捨其後且先，死矣！夫慈，以戰則勝，以守則固。天將救之，以慈衛之。六十七章。

《原旨》曰：老聖所言之道，非上古無爲，則唐虞雍熙和樂升平之道也。其大無象，不可以名言求，衆人之所罕識，故曰："天下皆謂我道大，似不肖。"謂不可幾及也。"夫惟大，故似不肖。若肖，久矣其細也夫！"自釋自審之辭，如所謂"惟天爲大，惟堯則之"。《論語‧泰伯》孰得而肖焉？若禹之地平天成，① 則可以迹求也。老聖歎天下之人，皆謂我所言之道大，似不肖，故復舉其次者而言曰："吾有三寶，保而持之。"保持，抱守也。"一曰慈"，不敢以天民 天之生民，即百姓肆戮；"二曰儉"，不敢以天物 天之生物暴殄；"三曰不敢爲天下先"，不敢以天討② 倡舉。

---

① 地平天成：指禹平治水土之事，在地之水土既平，在天之生物既成。《尚書‧大禹謨》："地平天成，六府三事允治，萬世永賴，時乃功。"

② 天討：上天之懲治，後以王師征伐爲天討，意謂稟承天意而行。《尚書‧皋陶謨》："天討有罪，五刑五用哉！"

"夫慈，故能勇"，班師振旅，舞干羽而苗民格。"儉，故能廣"，薄衣服而致孝乎鬼神，卑宮室而致費於溝洫。①

"不敢爲天下先，故能成器長。"舜命總朕師，遂舉皋陶，將讓位曰："枚卜歷卜，逐個地卜功臣"，固辭弗獲，乃有位事見《尚書·大禹謨》。古之人有行之者，禹是也。今捨其慈且勇，所以誅龍逢同"逢"。即關龍逢，夏之賢人，因諫而被桀所殺，戮比干。《莊子·胠篋》："昔者龍逢斬、比干剖。"捨其儉且廣，所以爲傾宮、② 瑤臺、③ 瓊室、玉門。④ 捨其後且先，所以囚湯夏臺，⑤ 囚昌西伯侯姬昌羑yǒu里，⑥ 死矣，南巢、⑦ 牧野之禍至。古之人有行之者，桀、紂是也。夫慈，以戰則勝，仁者無敵；以守則固，民效死弗去。天將救之，以慈衛之，夏臺、羑里之厄困厄所以脱。古之人有行之者，湯、文是也。若湯之放桀，曰："古有夏先后，方懋mào，盛大厥德，罔有天災。山川鬼神，亦莫不寧，暨鳥獸魚鼈咸若。于其子孫弗率，皇天降災，假手于我有命。"《尚書·伊訓》。周之伐

---

① 《論語·泰伯》："子曰：'禹，吾無間然矣。菲飲食而致孝乎鬼神，惡衣服而致美乎黻冕，卑宮室而盡力乎溝洫。禹，吾無間然矣。'"

② 傾宮：巍峨的宮殿，望之似欲傾墜，故稱。《列子·楊朱》："紂亦藉累世之資……肆情於傾宮，縱欲於長夜。"

③ 瑤臺：美玉雕砌的樓臺。《淮南子·本經訓》："晚世之時，帝有桀紂，爲琁室瑤臺，象廊玉床。"

④ 瓊室、玉門：泛指奢華的帝王宮闕。《竹書紀年》："（殷帝辛）九年，王師伐有蘇，獲妲己以歸，作瓊室，立玉門。"《晏子春秋·諫下》："及夏之衰也，其王桀背棄德行，爲璿室、玉門。"

⑤ 夏臺：一名鈞臺，位於今河南禹州市南。《史記·夏本紀》："桀不務德而武傷百姓，百姓弗堪。乃召湯而囚之夏臺。"

⑥ 羑里：一名牖里，位於今河南湯陰縣北。《莊子·盗跖》："文王拘羑里。"《史記·殷本紀》："紂囚西伯羑里。"

⑦ 南巢：夏商部族名，位於今安徽桐城市南，或曰今巢湖市一帶。《尚書·仲虺之誥》："成湯放桀於南巢。"

紂，曰："惟受罔有悛quān，悔過心，乃夷居，弗祀上帝神祇，遺厥先宗廟弗祀。商罪貫盈，天命誅之。"《尚書·泰誓》。此其肖矣。夫湯、武不得爲堯、舜之君，其細可知也。

《經》曰：**善爲士者不武，善戰者不怒，善勝敵者不争，善用人者爲下。是謂不争之德，是謂用人之力，是謂配天，古之極。**六十八章。

《原旨》曰："古之善爲士者不武"，其惟文王乎！羑里之囚，崇侯虎所譖zèn，讒謗，誣陷也。① 文王受命，六年始伐崇，"善戰者不怒"也。崇侯譖昌，昌以洛西之地、赤壤之田方千里獻紂，請除炮烙之刑，紂許之，賜弓矢斧鉞，因公季得專征伐，爲西伯，典治南國江漢汝旁諸侯，"善勝敵者不争"也。吕尚即姜尚，字子牙，東海上人，遇七十餘主而不聽，人皆曰狂丈夫。漁于渭陽渭水之陽，西伯勞而問之曰："子樂漁耶？"吕尚曰："君子樂其志，小人樂其事，吾漁非樂之也。"西伯與語大説，曰："自吾先君太公望子久矣！"故號曰"太公望"，立爲師事見《史記·齊太公世家》，"善用人者爲下。"如四善云者，"是謂不争之德，是謂用人之力，是謂配天，古之極也"。

配天謂可爲人主。極，法則也。如文王者，乃古之善爲士者，可爲法於天下後世矣。昔西伯嘗問於太公曰："商王罪殺不辜，汝助予憂乎？"太公曰："天道無殃，不可以先唱；人道無殃，不可以先謀。"他日又問曰："人主之動作舉事，有禍殃之應，鬼神之福乎？"太公曰："重賦斂、大宫室，則人多病瘟。

---

① 據《史記·周本紀》載，商代崇侯虎譖西伯（即後來的周文王）於殷紂曰："西伯積善累德，諸侯皆向之，將不利於帝。"帝紂乃囚西伯於羑里。

霜露殺五穀，絲麻不成。好田獵畢弋，不避時禁，則歲多大風，禾穀不實。好破壞名山，壅決名川，則歲多大水。好武事，兵輦不息，則日月薄蝕，太白失行。"西伯曰："誠哉！"① 不十年，商亡，天下歸周。是亦慈儉不先之徵也。

《經》曰：用兵有言：吾不敢爲主，而爲客；不敢進寸，而退尺。是謂行無行，攘無臂，仍無敵，執無兵。禍莫大於輕敵，輕敵幾喪吾寶。故抗兵相加，哀慈悲**者勝矣。**六十九章。

《原旨》曰：兵本以戒不虞，《詩·大雅·抑》："質爾人民，謹爾侯度，用戒不虞。"非所以虞天下也。"用兵有言"，引古兵法語，下文是也。兵法以先舉者爲主，應敵者爲客。"吾不敢爲主"，不敢先舉兵以虞天下也；"而爲客"，彼弗率以侵我，不得已而應之，是戒不虞也。雖不得已而應，猶不敢進寸以輕敵，寧退尺以固守。"是謂行無行"，行，行師也。無行，無行師之心，師雖行而不輕進。"攘無臂"，攘，捍禦也。無臂，無舉手之心，雖捍禦而不輕舉手。

---

① "昔西伯嘗問"以下，語出《六韜·武韜》。諸本文字稍異。杜氏引述，與《群書治要》本爲近。原文作："文王在酆，召太公曰：'商王罪殺不辜，汝尚助予憂民，今我何如？'太公曰：'王其修身下賢，惠民以觀天道。天道無殃，不可以先唱；人道無災，不可以先謀。必見天殃，又見人災，乃可以謀與民同利。'文王問太公曰：'人主動作舉事善惡，有福殃之應、鬼神之福無？'太公曰：'有之。主動作舉事，惡則天應之以刑，善則地應之以德，逆則人備之以力，順則神授之以職。故人主好重賦斂、大宮室、多遊臺，則民多病溫，霜露殺五穀，絲麻不成；人主好田獵畢弋，不避時禁，則歲多大風，禾穀不實；人主好破壞名山，壅塞大川，決通名水，則歲多大水傷民，五穀不滋；人主好武事，兵革不息，則日月薄蝕，太白失行。故人主動作舉事善，則天應之以德；惡則人備之以力，神奪之以職，如響之應聲，如影之隨形。'文王曰：'誠哉！'"

"仍無敵",仍,引也。無敵,無輕敵之心,雖引兵相抗,而不輕於敵。"執無兵",兵,凶器也。雖執凶器而不行殺戮。何哉?"禍莫大於輕敵。"諸侯以國爲心,故不免有時而先舉。天子以天下爲心,此吾民,彼亦吾民,禍彼猶禍此也,肯輕敵哉?此禹所以拜昌言善言,正當之言,班師振旅而苗民格也。①

噫!"輕敵幾喪吾寶",寶即前章三寶之寶。所謂惟善爲寶,仁親以爲寶,則凡天下之民,莫非吾寶也。"故抗兵相加,哀者勝矣",言兩兵對抗,哀而不忍無殺傷,天民之心將見,"不戰而屈人兵",《孫子兵法‧謀攻》:"百戰百勝,非善之善者也;不戰而屈人之兵,善之善者也。"勝可知矣。以結上二章之義。前章言不武,是美文王,而微寓抑武王之意。老聖凡言兵,多以禹格有苗爲法。

《經》曰:吾言甚易知,甚易行。天下莫能知,莫能行。言有宗,事有君。夫惟無知,是以不我知。知我者希,則我者貴。是以聖人被褐懷玉。〔"莫能知",一作"莫不知"。〕七十章。

《原旨》曰:言者所以載道。知,知道也。行,行道也。"甚易知,甚易行","吾無隱乎爾"。《論語‧述而》:"子曰:'二三子以我爲隱乎?吾無隱乎爾。'"行之則左右逢其原。天下之人,何其莫能知,莫能行哉?嗟歎之辭也。宗,祖也。君,主也。"言有宗",是皆祖述《墳》《典》古史之書;"事有君",是皆歸本皇帝王伯之道,豈托空言者哉?不知言則不知道,"是以不我知"也。既不能知,又不能行,則其無知可見。"夫唯無知",則"知我者希",斯亦不足怪也已。於戲!"知我者希",則在我者貴。一云則,法也;我,道也。取法於道,則我貴矣。"聖人被

---

① 《尚書‧大禹謨》:"禹拜昌言曰:'俞!'班師振旅。帝乃誕敷文德,舞干羽于兩階,七旬,有苗格。"

褐懷玉"。褐，微賤之服；玉，至貴之寶。被褐謂無位，懷玉喻有道，此言有道無位之聖人也，故天下所罕知。老聖以此自喻，所負可知也。

《經》曰：知不知，上；不知知，病。夫惟病病，以其不病。聖人不病，以其病病，是以不病。〔"以其不病"，《世本》誤作"是以不病"。〕七十一章。

《原旨》曰：知，知道也；病，不知道也。"知不知，上"，聖人知而不言，上也。"不知知，病"，衆人言而不知，病也。"夫惟病病"，言衆人之病病矣。以其不以病爲心，而"禦人以口給"，語出《論語·公冶長》："禦人以口給，屢憎於人。"口給，指口才敏捷，能言善辯故犯不知知病也。"聖人不病"，言聖人常以不知爲病，而不輕於言，"是以不病"也。"言寡尤，行寡悔"，① 幾何人哉！昔周有金人，"三緘其口，而銘其背"。② 當老聖在周，金人之作，寧無徵耶？孔聖觀周，嘗得撫而歎之。前章"吾言甚易知，甚易行。天下莫能知，莫能行"，此言"知不知，上；不知知，病"。道豈終不可知乎？"知之爲知之，不知爲不知，是知也。"《論語·爲政》。

《經》曰：民不畏威，大威至矣。無狹其所居，無厭其所生。夫惟不厭，是以不厭。是以聖人自知不自見，自愛不自貴。

---

① 言寡尤，行寡悔：指講話少過錯，行事少過悔，形容言行謹慎。《論語·爲政》："多聞闕疑，慎言其餘，則寡尤；多見闕殆，慎行其餘，則寡悔。言寡尤，行寡悔，禄在其中矣。"

② 漢劉向《説苑·敬慎》："孔子之周，觀於太廟。右陛之前，有金人焉。三緘其口，而銘其背曰：'古之慎言人也！戒之哉！戒之哉！'"

故去彼取此。七十二章。

《原旨》曰：威，刑罰也。人以身爲重，加之以刑罰，孰不知畏？然有不顧斧鉞而犯之者，何哉？"大威至矣"，知其無所自逃。小民畏苦，尚有不肖之心生，況其大力量者乎？湯出夏臺，去三面之網，信有由也。漢南諸侯聞之，曰："湯德及禽獸。"歸之者四十國。噫！桀，君也；湯，臣也。"撫我則后元后，君主，虐我則讎"《尚書·泰誓》。大人之心，其可自狹乎？狹則物有所不容，擅福作威，靡所不至，民不堪處。民不堪處，則臣弑其君，子弑其父，蓋將有所不能容者矣。此桀之所以亡，湯之所由興。"無狹其所居"。所居，心也。心不狹則神明來居，物無不容，生之道也。"無厭其所生"。所生，內則神明，外則民物，俱不可厭。厭則去我之心生，死之道也。"夫惟不厭"，我不厭彼，"是以不厭"，彼不厭我。"聖人自知不自見"，無驕人之心；"自愛不自貴"，無威人之心。故去彼狹厭，取此知愛也。

《經》曰：勇於敢則殺，勇於不敢則活。此兩者，或利或害。天之所惡，孰知其故？是以聖人猶難之。天之道，不爭而善勝，不言而善應，不召而自來，繟然而善謀。天網恢恢，疏而不失。七十三章。

《原旨》曰：勇，志也。敢，氣也。志至焉，氣次焉。"持其志，無暴其氣"，① 生之道也。一或"氣壹則動志"，動而乖，則蹶死之道也。② 知此兩者，或利或害。言志氣二物，制得其

---

① 《孟子·公孫丑上》："夫志，氣之帥也；氣，體之充也。夫志至焉，氣次焉；故曰：'持其志，無暴其氣。'"

② 《孟子·公孫丑上》："志壹則動氣，氣壹則動志也。今夫蹶者趨者，是氣也，而反動其心。"

道，則利；制失其道，則害。"天之所惡，孰知其故？"故，惡之端也。天好生惡殺，誰能知天意惡殺而弗違哉？"是以聖人猶難之。"天意罔測，聖人猶以爲難，而無勇敢之爲。"天之道，不爭而善勝"，柔能勝剛；"不言而善應"，"至誠感神"《尚書·大禹謨》；"不召而自來"，"作善降之百祥，作不善降之百殃"《尚書·伊訓》；"繟 chán 然而善謀"，"天道福善禍淫"《尚書·湯誥》。

天網恢恢，疏而不失，"天難諶 chén，相信。命靡常。常厥德，保厥位。厥德靡常，九有以亡。"《尚書·咸有一德》。言其"禍福無門，惟人自召"《太上感應篇》也。當桀、紂爲君之日，使能任賢聽諫，知天之所惡，不輕勇敢，而謹猶難之心，則湯、武雖聖，曷敢不臣乎？吁！甚矣！豈桀、紂之有以自亡耶？其天網之疏而不失耶？何聖人之言，其弗可違也如此！

《經》曰：民不畏死，奈何以死懼之？若使民常畏死而爲奇者，吾得執而殺之，孰敢？常有司殺者殺。夫代司殺者，是代大匠斲。夫代大匠斲，希有不傷其手矣。七十四章。

《原旨》曰：好生惡死，人心所同。"民不畏死，奈何以死懼之"，此承上章餘旨，歎王道不作，天下之民不死于兵，則死于飢，孰殺之哉？方且嚴法令，廣聚斂，脅民以威，動之死地，無所逃之，非不畏死，不免死也。孟子謂"殺人以刃與政"，①亦此意。"民不畏死"，即是"民不堪命"，② 而懷等死之心。上

---

① 《孟子·梁惠王上》："梁惠王曰：'寡人願安承教。'孟子對曰：'殺人以梃與刃，有以異乎？'曰：'無以異也。''以刃與政，有以異乎？'曰：'無以異也。'"

② 《左傳》桓公二年："宋殤公立，十年十一戰，民不堪命。"又《國語·周語上》："厲王虐，國人謗王。邵公告曰：'民不堪命矣！'"

若寬法令，薄賦斂，省徭役，天下之民，各得所養，惟恐其死，爲奇作弗靖也。民得其養，或自作弗靖，吾得執而殺之，謂犯于有司，必實同"置"刑戮，天殺之也。孰敢言民常畏死？無敢犯之矣。司殺者，天也。"代司殺者"，人也。殺之當則天殺之，不當則是以人殺人，能無傷乎？斲，大匠之事，夫"代大匠斲，希有不傷手"，喻殺人以政，實自傷也。當周室東遷，政由方伯，擅舉征伐，是猶代大匠之斲。不但名分廢墜，而諸侯之師，禪赫千里，戕賊民生，畏死不暇。及其天定勝人，鮮不敗事，傷手之義也。

《經》曰：民之飢，以其上食稅之多，是以飢。民之難治，以其上之有爲，是以難治。民之輕死，以其上求生之厚，是以輕死。夫惟無以生爲者，是賢於貴生。七十五章。

《原旨》曰：國以民爲本，民以食爲天。國不可以無民，猶民不可以無食。"民之飢，以其上食稅之多，是以飢。"三代之季，大概相類。昔五伯爭強，興徭役，事征討，國祿不均，國用惟艱，田野不闢，稅斂不給，又從而增羨之，民之所以飢也。飢則草竊姦宄，《尚書·微子》："殷罔不小大，好草竊姦宄。"孔傳："草野竊盜，又爲姦宄於內外。"出沒靡常，是以難治。非民難治也，"以其上之有爲"。上有爲，下亦有爲。"民之輕死，以其上求生之厚。"所謂"苦一國之民，以養耳目鼻口者，神不自許"《莊子·徐無鬼》。神不自許，"是以輕死"。"夫惟無以生爲者，是賢於貴生"，何則？養生必先之以物，然則物有餘而身不養者，亦多矣。若季世之法，聖人有所不取。

《經》曰：人之生也柔弱，其死也堅強。萬物草木之生也柔脆，其死也枯槁。故堅強者死之徒，柔弱者生之徒。是以兵強則不勝，木強則共。強大處下，柔弱處上。七十六章。

《原旨》曰：死生亦大矣。生之徒，死之徒，吾於"出生入死"章即《老子》五十章已言其約。噫！"人之生也柔弱"，"柔弱者生之徒"；"其死也堅強"，"堅強者死之徒"。豈惟人哉？物莫不然。故又曰："萬物草木之生也柔脆，其死也枯槁。"原其所以生，所以死，本乎陰陽二氣而已。二氣本乎太極之一氣，一氣本乎無極之太虛。《經》云："天下萬物生於有，有生於無。"《老子》四十章。在《易》則曰："易有太極，是生兩儀。"《易·繫辭上》。《易》無而極有，知《易》無而極有，則知《易》無極也。《易》有太極，得不謂無極而太極乎？太極乃物初混淪之一氣，無極即太極未形之太虛。釋氏有謂"萬法歸一，一歸何處"，①亦即"有生於無，而復歸於無"也。然則生之徒者何與？死之徒者何與？

自太極生兩儀，乾剛坤柔，天地合德。乾，天也。天一生水，父剛而子柔，故水性柔弱，其德順下。地二生火，母柔而子剛，故火性炎上，其德剛燥。天非火之剛，無以發乾健之體；地非水之柔，無以致坤順之用。惟其剛柔相生，故能成久大之德業。"人之生也柔弱"，天水資焉；"其死也堅強"，地火攝焉。惟剛柔相濟，而成既未之功，則長生久視之道在，故養生家專取法焉。柔弱者生，剛強者死，譬猶兵強則不勝，衆攻之也；木強則共，衆伐之也。強大處下，柔弱處上，天之道也。老聖凡言柔弱則氣，剛強則物。氣和則生，物壯則老，老則死，死則當知所

---

① 宋普濟《五燈會元》卷四：（僧）問："萬法歸一，一歸何所？"師（趙州從諗禪師）曰："老僧在青州作得一領布衫，重七斤。"亦見《古尊宿語錄》卷十三。

歸，如"復混而爲一"《老子》十四章，"復歸於嬰兒"《老子》二十八章，"復歸於無極"《老子》二十八章，皆歸之之道也。

《經》曰：天之道，其猶張弓乎？高者抑之，下者舉之；有餘者損之，不足者與之。天之道，損有餘補不足。人之道，則不然，損不足以奉有餘。孰能以有餘奉天下？惟有道者。是以聖人爲而不恃，功成而不處，其不欲見賢。七十七章。

《原旨》曰：《洪範》"九疇"，五曰"皇極：皇建其有極"，① 言大中之道立，其有中行九疇之義也。"天之道，其猶張弓乎？"引射爲喻，"高者抑之，下者舉之"，上下之中可見；"有餘者損之，不足者與之"，小大之中可見。地氣上升，天氣下降，抑高舉下之道也。熱極變涼，寒極變溫，"損有餘補不足"之道也。天之道，其折中如此。所以"致中和，天地位，萬物育"。《中庸》

"人之道，則不然，損不足以奉有餘"，天理人欲常相反焉，所謂"君子中庸，小人反中庸"。《中庸》"孰能以有餘奉天下？"如天之雲行雨施，澤及萬物，"惟有道者"。所謂"德惟善政，政在養民"《尚書·大禹謨》者也。"聖人爲而不恃"，無責報之望；"功成而不居"，法天之道也；"其不欲見賢"，執中而已。聖人事業，無爲有爲，函天蓋地，凡民有所不識也。嗚呼！"上天之載，無聲無臭。"《詩·大雅·文王》

---

① 語出《尚書·洪範》："天乃錫禹洪範九疇，彝倫攸敘。初一曰五行，次二曰敬用五事，次三曰農用八政，次四曰協用五紀，次五曰建用皇極，次六曰乂用三德，次七曰明用稽疑，次八曰念用庶征，次九曰嚮用五福，威用六極。……皇極：皇建其有極。"九疇，指傳說中天帝賜給禹治理天下的九類大法，即《洛書》。

《經》曰：天下柔弱莫過於水，而攻堅強者莫之能勝，其無以易之。故柔勝剛，弱勝強，天下莫不知，莫能行。故聖人云："受國之垢，是謂社稷主；受國之不祥，是謂天下王。"正言若反。七十八章。

《原旨》曰：軟勝堅，牝勝牡，理也。物性柔弱莫過於水，及其至也，決堤潰川，無能易之。老聖憫文武墜地，將有二代垂亡之風，故因關尹之問而匡救之，曰："天下莫不知，莫能行。"惟伯禹即夏禹，伯，爵也。禹代鯀爲崇伯，作司空。以其伯爵，故稱伯禹得之，以水治水，地平天成。成湯得之，東征西怨，惟恐後已。西伯得之，戡武力平定黎古國名，位於今山西長治西南伐崇，罔不欲喪。是皆以柔弱勝剛強者也。使桀知此，能監唐虞之治，則不爲湯勝。使紂知此，能監夏之亡，則不爲武勝。惟其剛強暴虐，迷不知省，是以有臣代君者出，甚矣！故聖人云："受國之垢，是謂社稷主。受國之不祥，是謂天下王。"此古聖人言也。當鯀夏禹之父之殛jí，流徙，遠放，湯、文之囚，受垢、不祥莫大焉。及其禹受禪，湯、武自代，皆得爲社稷主、天下王。

噫！桀、紂固虐矣，君也；湯、武固聖矣，臣也。如禹以功受禪，尚無間然句謂無可非議，若湯、武以智力自代，得無慚乎？惟文王小心事紂，終不易節，故可比德堯、舜。《玄經》本旨，一皆以正己正人，與爲人主者告。人主正則百官正，百官正則天下之民正。烏有爲臣而可自代君者乎？正言之君民，吾羲皇之民，無繩可結亦可已。甘其食，窪樽可飲；美其服，毛可禦寒；安其居，巢穴足以避風雨；樂其俗，含哺鼓腹，樂在其中。鄰國相望，道並行而不悖。雞犬之聲相聞，物並育而不害。《中庸》："萬物並育而不相害，道並行而不相悖。"民至老死不相往來，無爭城爭地之心。

天之道，地之利，未嘗不足。玩及此章，大樸淳風，盎乎天地間。今猶古也，則知老聖之所自得，非季世強梁之所可知。所謂"萬世一遇大聖，知其解者，是旦暮遇之也"。《莊子·齊物論》

《經》曰：信言不美，美言不信。善者不辯，辯者不善。知者不博，博者不知。聖人不積，既以爲人己愈有，既以與人己愈多。天之道，利而不害；聖人之道，爲而不爭。八十一章。

《原旨》曰：聖人之心，天地之心，無不容，無不與也，所謂"注焉而不滿，酌焉而不竭"①者與。衆人則不然。"美言不信"，俗尚華也；"信言不美"，道貴樸也。"善者不辯"，無不容也；"辯者不善"，未忘言也。②"知者不博"，混而爲一；"博者不知"，數輿無輿。"聖人不積"，與時消長。"既以爲人己愈有"，生物之心常在；"既以與人己愈多"，造物之心不窮。"天之道，利而不害"，天之無恩，而大恩至矣。

道德玄經原旨卷之四

---

① 《莊子·齊物論》："注焉而不滿，酌焉而不竭，而不知其所由來，此之謂葆光。"
② 《莊子·外物》："荃者所以在魚，得魚而忘荃；蹄者所以在兔，得兔而忘蹄；言者所以在意，得意而忘言。吾安得夫忘言之人而與之言哉！"

・玄經原旨發揮・

玄經原旨發揮序

老子自孔子稱曰猶龍,① 莊周尊曰玄聖,② 歷代尊行其教,上尊號者至矣。竊觀由商歷周,九百餘年,三度散關,四掌史職,著《道德玄經》二篇,橐籥天地,《老子》五章:"天地之間,其猶橐籥乎!"玄同有無,實一天人之書。道堅嘗著《玄經原旨》,亦既脫藁同"稿",思昔觀復謝高士③所編《實錄》即《太上老君實錄》,全稱爲《太上老君混元上德皇帝實錄》《年譜》即《太上老君年譜要略》,紀載頗詳,然引用年代尚多異同,久懷考正,未能也。今

---

① 《史記·老子韓非列傳》載,孔子適周,問禮於老子,歸而謂弟子曰:"鳥,吾知其能飛;魚,吾知其能游;獸,吾知其能走。走者可以爲罔,游者可以爲綸,飛者可以爲矰。至於龍,吾不能知其乘風雲而上天。吾今日見老子,其猶龍邪!"

② 《莊·天道》:"以此處上,帝王天子之德也;以此處下,玄聖素王之道也。"

③ 謝高士:指謝守灝(1134—1212),字懷英,永嘉瑞安(今屬浙江)人。南宋道士。宋光宗紹熙元年(1190)賜號"觀復大師"。精於道學,洞達玄旨,會通三教,晚年顏貌清古,時人謂之活老君。編有《混元聖紀》《太上老君實錄》《太上老君年譜要略》《太上混元老子史略》等。

採摭《皇極》《皇極經世書》的簡稱元、會、運、世，① 參訂經旨，輯爲十有二章，非敢有作，吾猶及史之闕文也。夫孔子本魯史，作《春秋》，始周平王。邵氏②本《連山》，③ 著《皇極經世書》，自堯始。愚之本《玄經》著《原旨》，復徵古史爲《發揮》，故不得不自先天始也。此書之旨，不惟有極以來，已然之世代可徵，而無極以前，未然之朕兆庸有可推。後之有志古始者，當有考云。

大德十年1306年中和即中和節，農曆二月初一後二日，教門後學當塗杜道堅謹序。

---

① 元、會、運、世：邵雍《皇極經世》所表達的時間紀年體系，以三十年爲一世，十二世計三百六十年爲一運，三十運計一萬八百年爲一會，十二會計十二萬九千六百年爲一元，以元經會，以會經運，以運經世，考察自唐堯甲辰（前2357），迄於五代後周顯德六年己未（959）上下三千餘年興廢治亂之迹。

② 邵氏：即邵雍（1011—1077），字堯夫，謚康節。北宋著名理學家。才高品潔，學問精湛，尤精於《易》，創立先天之學。著有《皇極經世》《伊川擊壤集》《漁樵問對》等。《皇極經世》爲邵氏易學著作，本於《尚書·洪範》"建用皇極""惟皇作極"之大中至正之道以經邦濟世。該書"觀天地之消長，推日月之盈縮，考陰陽之度數，察剛柔之形體"，本諸天道，質以人事，上推三皇之治，追尋道統本源，明皇帝王霸之道，宇宙萬物、社會歷史靡所不包。

③ 《周禮·春官宗伯·大卜》："掌三《易》之法，一曰《連山》，二曰《歸藏》，三曰《周易》。"

玄經原旨發揮卷上

教門後學當塗杜道堅著

　　老聖著《玄經》，以道德名者，尊皇道，尚帝德也。言道德則王伯、功力在焉。嘗觀康節以《老子》闡《皇極》，故愚以《皇極》疏《老子》，同一道也。天下惟道理最大。老子言道而不言理，理其在乎！天地、古今、君臣、民物之間，各具理氣象數，莫不由斯道也。《皇極經世》所以系皇帝王伯、道德功力，亦不出理氣象數之四端。《老子》曰："域中有四大：道大，天大，地大，王亦大。"二十五章。愚著《原旨發揮》十有二章，前六章述皇帝王伯、道德功力之叙，後六章述老子降生、授經、西遊之略，又豈能外理氣象數而有言耶？皆所以明大道也。言先天，理也；言元始，氣也。開物非象乎？數其在矣。象數具而人道興焉。其始太上，其次三五，其次王伯。喻以歲，則太上，春也；三五，夏也；王伯，秋也；冬則閉物之後、開物之前乎！喻以日，則旦而晝，晝而暮。喻以身，則幼而壯，壯而老也。惟其會運有不同，故其世代有脩短。觀者當自考之。

先天章一

先天，先天而天者也。其虚無自然無極之道乎？《老子》曰："無，名天地之始"一章，曰"道生一，一生二"四十二章，是皆形容先天之道，可以意會而不可以言象求也。《易》曰："易有太極，是生兩儀。"《易·繫辭上》易，太易也，道也，無極也。易有太極，道生一也。一生二，太極生兩儀也。周子①則曰："太極，本無極也。"《太極圖説》《文言》曰："先天而天弗違，後天而奉天時。"《易·乾·文言》

　　右先天之道，論議不一。有先則必有後，有先後則必有中。見諸典籍，大概有三：以太極爲中者，則極前爲先天，極後爲後天，此以道言也；以伏羲之畫爲先天，文王之重爲後天者，此以卦言也；以一元一元爲十二會，計十二萬九千六百年中，分前六會爲先天，後六會爲後天，此以世三十年爲一世言也。凡天下事事物物，莫不各有一先天之道。言先天則後天在焉。以吾身而言，有一情未動之先，有有生未生之先。以天地而言，則有天地未分之先，同一先天也。先天者，其道乎？其"存而不論"《莊子·齊物論》："六合之外，聖人存而不論。"者乎？

---

① 周敦頤（1017—1073）：字茂叔，謚號元公，世稱濂溪先生。北宋道州營道（今湖南道縣）人。著名哲學家、文學家，宋代理學開山之祖，與邵雍、張載、程顥、程頤並稱"北宋五子"。著有《通書》《太極圖説》《愛蓮説》等。

元始章二

　　元始，一元之始也。《老子》曰："有物混成，先天地生。"二十五章。曰："天下有始，以爲天下母。"五十二章。曰："能知古始，是謂道紀。"十四章。《易》曰："大哉乾元，萬物資始。"《易·乾·彖》"乾，元者，始而亨者也。"《易·乾·文言》《列子》曰："天地之先無物。無物，天地安從生？"《列子·天瑞》原文作："子列子曰：'昔者聖人因陰陽以統天地，夫有形者生於無形，則天地安從生？'"曰："有太易，有太初，有太始，有太素。"《列子·天瑞》天地之先，有五太，列子言其四而不言太極。其曰："氣形質具，萬物渾淪而未相離。"《列子·天瑞》言渾淪，則太極在焉。必有神帝者主乎其間，《易》所謂"神也者，妙萬物而爲言"《易·説卦》。故主宰之謂帝，是曰元始。

　　國家嚴事，祈天永命，必齋戒以將之，蓋有所祖也。堯曰："咨！爾舜！天之曆數在爾躬，允執其中。"《論語·堯曰》故世之言天者，必假曆數以明之。諸家載籍不同，惟邵子《皇極經世》可法焉。其原推本《易》《老》之言，參之《堯典》"欽若昊天，曆象日月星辰"，驗諸皇帝王伯、道德功力而成其書。經以元、會、運、世，諱以日、月、星、辰，一元十二會，一會三十運，一運十二世，一世三十年，一年十二月，一月三十日，一日十二時，一時三十分，一分十二秒 miǎo，同"秒"。"《易》與天地準"《易·繫辭上》，《皇極》又準於《易》。

　　《易》雖不言曆數，而曰"極其數，遂定天下之象"《易·繫辭上》者，曆數在矣。《皇極》之用十二、三十者，其法以元準歲，會準月，運準日，世準時也。一世三十年；一運十二世，三百六十年；一會三十運，一萬八百年；一元十二會，一十二萬九千六百年。而天地萬物，一元之數終焉。元而上，抄而下，"存而不論"矣。其要以會準月者，十二會應十二辰即子、丑、寅、卯、辰、巳、午、未、申、酉、戌、亥十二支也。天地之氣，始於子，終於亥。其始一會應於子，二會應於丑，順而十二會則終於亥矣。終則有始，一元而一元，此道之所以始乎無始，終乎無終。知此則可"與造物者游"，《莊子·天下》："彼其充實不可以已，上與造物者遊，而下與外死生無終始者爲友。"而始得乎環中。《莊子·齊物論》："彼是莫得其偶，謂之道樞。樞始得其環中，以應無窮。"

元經會之一，始於太易。

太易〔日甲一 月子一　星甲一 辰子一〕。太易，未見氣也。太易初年之歲、月、日、時，俱起甲子，歷五千四百年而有太初。

太初〔日甲一 月子一　星己十六 辰子一百八十一〕。太初，元氣始萌也。又如其年，合一萬八百年是爲一會。大則當一歲之子月農曆十一月，小則當一日之子時夜十一時至凌晨一時。先天無極元始祖氣，至此而靜極者動，一陽生焉。康節有云："冬至子之半，天心無改移。一陽初動處，萬物未生時。"邵雍《冬至吟》，見《伊川擊壤集》卷十八。蓋此謂也。

元經會之二，有太始。

太始〔日甲一 月丑二　星甲三十一 辰子三百六十一〕。太始，氣形始端也。《列子·天瑞》："太始者，形之始也。"五千四百年而有太素。

太素〔日甲一 月丑二　星己四十六 辰子五百四十一〕。太素，形變有質也。《列子·天瑞》："太素者，質之始也。"又如其年，合二萬一千六百年爲二會，應一歲之丑月農曆十二月，一日之丑時凌晨一時至三時。惚恍之物象，窈冥之真精者，玄同妙合，二陽生矣。

元經會之三，有太極。

太極〔日甲一 月寅三 星甲六十一 辰子七百二十一〕。太極，"萬物混淪而未相離也"。《列子·天瑞》："渾淪者，言萬物相渾淪而未相離也。"所謂存於渾沌未判之先，達於氣質成象之表，充塞天地，貫通古今，大造不能外者也。五千四百年，渾淪肇判，陰陽開闢，應一歲之寅月農曆正月朔每月初一後之半月，一日之寅時凌晨三時至五時寅初之四刻者。乾坤成象，以清以寧，《老子》三十九章："天得一以清，地得一以寧。"三陽泰而萬物動萌矣。

右一元之始，歷五太，凡二會有半，積二萬七千年。邵子稱日甲月子於元之始，愚於五太稱年者，以其有理氣象數具於未然之中也，殆亦畫前之《易》歟。《老子》曰："天下萬物生於有，有生於無。"四十章。《皇極》數起於天地未開闢二會半之先，數終於天地已閉物一會半之後。亥、子、丑三會，猶歲之冬、日之夜。謂有物邪，則天地玄冥，萬物伏藏；謂無物邪，則窈冥恍惚，萬物未嘗不在。故曰：先天地而始，後天地而終，終則又變而通矣。故述十二會而於元之下，俱稱日甲一，一而二，二而三，充此以往，巧曆①不能知。康節著書，其元不得不自日甲始，又安知不已有由甲至癸之元乎？愚嘗曰：今日天地，昨日天地也；明日天地，今日天地也。知此則康節之書可推矣。

---

① 巧曆：指精於曆數的人。《莊子·齊物論》："一與言爲二，二與一爲三。自此以往，巧曆不能得，而況其凡乎？"

開物章三

開物，天地開闢也，言天地萬物咸自此出。《易》曰："有天地然後萬物生焉。"《易·序卦》《老子》曰："道生之，德畜之，物形之，勢成之。"五十一章。蓋天地萬物，具開物之先，太極剖而形之、成之之質著矣。其爲道也，在天曰靈，在地曰寶，合天地而言，夫是之謂靈寶。

開物〔日甲一 月寅三 星己七十六 辰子九百一〕。開物之初，當甲子元、丙寅會、已卯運、甲子世、甲子年。方是時也，天地定位，玄黃凝合，而玄元始之氣具，三氣混而渾沌氏①者出。

按：曆書云："渾沌氏，一曰盤古氏。天地渾淪如鷄子，盤古生其中，一日九變，神於天，聖於地。天日高一丈，地日厚一丈，盤古日長一丈。如此萬八百歲，天極高，地極厚，盤古極長。"② 方盤古之半，當元經會之四。

元經會之四

盤古氏〔日甲一 月卯四 星甲九一 辰子一千八十一〕。《老子》曰"神得一以靈"三十九章，其盤古氏爲之初乎？以《皇極》推之，萬八百歲是爲一會之數。絪縕化醇，③ 具太極之全體，有聖人之

---

① 渾沌氏：傳上古帝王。《莊子·天地》："彼假脩渾沌氏之術者也。識其一，不知其二；治其內，而不治其外。"宋羅泌《路史·初三皇紀》："乃謂天地之初，有渾敦氏者，出爲之治。繼之以天皇氏、地皇氏、人皇氏。"

② 此說載三國時吳人徐整《三五曆紀》。按，《三五曆紀》久佚，唐歐陽詢編《藝文類聚》、宋李昉編《太平御覽》、清馬驌《繹史》等書錄其佚文。

③ 絪縕化醇：指天地陰陽二氣感通交融，化育均調萬物。《易·繫辭下》："天地絪縕，萬物化醇；男女構精，萬物化生。"

神，而未嘗形焉者也。其生也神靈，極天之高，極地之厚，宰御形氣，胚腪yùn，膜萬有。其死也，頭爲五嶽，目爲日月，脂膏爲江海，毛髮爲草木。然則盤古，萬物之祖也。

噫！盤古之説，固近於迂。愚嘗讀《易》，至"天地定位，山澤通氣，雷風相薄，水火不相射"《易·説卦》，一俯仰之間，盤古未嘗不在。大矣哉！庖犧氏之畫卦也。乾爲天，爲首，南方之卦也；坤爲地，爲腹，北方之卦也；"天地定位矣"。艮爲山，爲鼻，〔見《麻衣易傳》。〕① 西北之卦也；兑爲澤，爲口，東南之卦也；"山澤通氣矣"。震爲雷，爲足，東北之卦也；巽爲風，爲手，〔見《麻衣傳》。〕西南之卦也；"雷風相薄矣"。坎爲水，爲耳，西方之卦也；離爲火，爲目，東方之卦也；"水火不相射矣"。"乾爲天"以下至此，均見《易·説卦》。合八卦之象，而萬物悉備於我，此人所以爲萬物靈也。盤古豈遠吾哉？即開物一萬八百年，合元始三會有半，計三萬七千八百年，盤古氏没，初天皇氏出。

右盤古分形，化生萬有。《老子》曰："天得一以清，地得一以寧，神得一以靈，谷得一以盈，萬物得一以生。"三十九章。《易》曰："天尊地卑，乾坤定矣；卑高以陳，貴賤位矣；動靜有常，剛柔斷矣；方以類聚，物以群分，吉凶生矣；在天成象，在地成形，變化見矣。"《易·繋辭上》于以見民同胞，物同與，莫不自盤古一氣中來。盤古當元經會三之下、四之上。以一日喻之，當寅卯方交之時凌晨五時，曙色未分。若天皇氏之世，則當卯正之四刻，大明日也東生，萬物並作，《老子》十六章："萬物並作，吾以觀其復。"

---

① 《麻衣易傳》（下文杜注又稱《麻衣傳》），當即《宋史·藝文志》著録之《麻衣道者正易心法》，相傳爲陳摶之師麻衣道者所撰，其書不詳。

人道興焉。逮渾沌鑿①而盤古死，所謂陰陽之良能，道得之而爲泰一，天得之而爲天一，帝得之而爲帝一，日月星辰之所以著，水火土石、走飛草木之所以形，雨風露雷、暑寒晝夜之所以晦明變化，森列昭布，神而明之。按：《道典》有稱"龍漢""赤明""上皇"之年，② 當是開物肇始上天之號。《大有金書》曰化生天寶君、靈寶君、神寶君者，③ 此皆自然而然，非假胎孕，所謂"上天之載，無聲無臭"《詩·大雅·文王》者也。故曰："不可思議。"④

或謂盤古肇天地、祖萬物，豈天地萬物由盤古而分乎？

――――――――

① 《莊子·應帝王》："南海之帝爲儵，北海之帝爲忽，中央之帝爲混沌。儵與忽時相與遇於渾沌之地，混沌待之甚善。儵與忽謀報渾沌之德，曰：'人皆有七竅以視聽食息，此獨無有，嘗試鑿之。'日鑿一竅，七日而混沌死。"

② 道教指稱元始天尊出法度人之年號，有龍漢、赤明、上皇、延康、開皇等。見《太上洞玄靈寶智慧罪根上品大戒經》《太上洞玄靈寶諸天靈書度命妙經》《太上洞玄靈寶真文度人本行妙經》等道典。

③ 《大有金書》：全稱爲《靈寶自然九天生神三寶大有金書》，收入《正統道藏》洞真部譜錄類。是書曰："天寶君者，則大洞之尊神，天寶丈人則天寶君之祖炁也。丈人是混洞大無元高上玉皇之炁，九萬九千九百九十億萬炁。後至龍漢元年，化生天寶君。出書時號高上大有玉清宮。靈寶君者，則洞玄之尊神，靈寶丈人則靈寶君之祖炁也。丈人是赤混太無元上玉虛之炁，九萬九千九百九十九萬炁。後至龍漢開圖化生靈寶君。經一劫，至赤明元年，出書度人時號上清玄都二京七寶紫薇宮。神寶君者，則洞神之尊神，神寶丈人則神寶君之祖炁也。丈人是冥寂玄通元上玉虛之炁，九萬九千九百九十萬炁。後至赤明元年化生神寶君。經二劫，至上皇元年，出書時號三皇洞神太清太極宮。"

④ 不可思議：佛教與道教用語，指無法通過語言、思維、觀念、知識、名相等方式理解和通達的微妙境界。《維摩詰經·不思議品》："諸佛菩薩有解脱名不可思議。"《無量壽經》卷上："一切善本皆度彼岸，悉獲諸佛無量功德，智慧聖明，不可思議。"《雲笈七籤》卷九四："思慮所不達，行用所無階者，則歎不可思議。"

曰：不然。天地萬物，當盤古之先，已有無象之象具于渾然之中，盤古出而天地萬物形矣。是故即吾身而喻，夢覺、死生、旦暮、今古一也。以是而觀，則可以齊萬物，一死生。天地無窮，物無窮，而吾亦一無窮也。此處本《莊子·齊物論》之意。

太上章四

太上，太古、上古也。太上無名，其次有名，其次名名。《老子》曰："太上，下知有之；其次，親之，譽之；其次，畏之，侮之。"十七章。《傳》曰："太上立德，其次立功，其次立言。"《左傳》襄公二十四年。粵自初天皇，施及王伯，無爲有爲，揖 yī 遜揖讓，禪讓征伐，興亡理亂，見於親、譽、畏、侮之辭盡矣。無乃道愈降，而德愈衰乎？

按：諸象緯象數、讖緯之書、曆書云：三皇九紀，是爲九皇，猶三代以來，曰世曰代。一曰五龍紀，二曰合雄紀，三曰敘命紀，四曰連通紀，五曰五姓紀，六曰脩蜚紀，七曰因提紀，八曰禪通紀，九曰流訖紀。①

又按：《河圖代姓紀》自合雄始者七，而五龍、流訖不與焉。謂太古生民之始，男女媾精，以女生爲姓，始三頭，謂之合雄紀。生號三世。合雄氏没，子孫相傳，記其壽命，是謂敘命紀。通紀四姓。生子二世，男女衆多，群居連通，

---

① 此説見於《春秋緯》之《春秋命曆序》，三國魏張揖《廣雅》、唐司馬貞《三皇本紀》、宋羅泌《路史》等因之。諸本文字略異。日人安居香山、中村璋八輯《緯書集成》本有收録。九紀之説，謝守灝編《混元聖紀》卷一亦有論述，可參。

是謂連通紀。生子一世，通紀五姓，是謂五姓紀。天下群居，以類相親，男女衆多，分爲九頭，各有居方，故號居方氏。

生子三十二世，強弱相凌，欲生吞害，中有神人，提挺而治，故號提挺氏。生子三十五世，通紀七十二姓，故號通姓氏。諸家紀説，頗有異同。然無傳人，無傳政。非無傳人傳政也，典籍未生，獨何傳乎？

故以今溯古，有不可以意求；以古沿今，有不可以不紀，姑兩存之。若夫天之星斗文章，鬼神之雷霆號令，有不待人文之出而後明然、粲然、赫然乎！仰觀俯察①之間，而則象②之治，蓋本乎此。

初三皇氏

五龍紀一。五龍，五姓也。《玉皇通一曆》後文簡稱《通一曆》。其書未詳作"勾龍紀"。

初天皇氏〔日甲一 月卯四 星己一百六 辰子一千二百六十一〕。天皇十二頭。〔頭目十二人，見皇甫謐《三五曆》。〕元氣肇始，有神人號天皇氏，爲物初生民之主。立極定位，而神化無窮焉。〔徐整《三五曆紀》。〕物初生民，與動物同出一氣，分形未清，故有蛇身人首傳伏羲、女媧爲蛇身人首者，有人身牛首傳炎帝神農氏爲人身牛首者，如天之二十八宿，地之十二宮神，皆以禽獸之名而名。蓋禽獸與人同禀天星地靈而生，故稱人曰倮同"裸"靈焉。則知天皇氏之民，

---

① 《易·繫辭下》："古者包犧氏之王天下也，仰則觀象於天，俯則觀法於地，觀鳥獸之文，與地之宜，近取諸身，遠取諸物，於是始作八卦，以通神明之德，以類萬物之情。"

② 《易·繫辭上》："天垂象，見吉凶，聖人象之；河出《圖》，洛出《書》，聖人則之。"

無思無爲，若"嬰兒之未孩"。① 飡同"餐"元飲和，抱道自然。《老子》曰："含德之厚，比於赤子，毒蟲不螫，猛獸不據，攫鳥不搏。"五十五章。是時人壽千餘歲，子孫相承，歷十五運，合五千四百年。初天皇氏沒，初地皇氏作，當元經會之五。

元經會之五

合雄紀二。合雄，三姓。《春秋緯》作"合雒紀"見《春秋命曆序》，《初置天地經》後文簡稱《天地紀》，其書未詳作"含雄紀"，《通鑑外紀》即《資治通鑑外紀》，後文又簡稱《外紀》。十卷，北宋劉恕編作"攝提紀"。

初地皇氏〔日甲一 月辰五 星甲一百二十一 辰子一千四百四十一〕。地皇氏十一頭〔十一人也〕。繼初天皇氏而王，德合自然，功贊天地，定星辰，分晝夜，調陰陽，制寒暑，四時順序，人民毓，萬木折，萬草萌，鱗介羽毛飛潛動植，各正生成。則知地皇氏之民，若嬰兒之既孩，餐霞茹芝，無飢飽勞役。《老子》曰："載營魄抱一，能無離乎？專氣致柔，能如嬰兒乎？"十章。是時人上壽猶千歲，子孫相承，歷半會五千四百年。初地皇氏沒，初人皇氏作。

叙命紀三。叙命，四姓。《天地經》作"厚令紀"，《通一曆》作"玄命紀"，《外紀》作"合雒紀"。

初人皇氏〔日甲一 月辰五 星己一百三十六 辰子一千六百二十一〕。人皇九頭〔九人也〕。當是時也，生類日衆，如孩已童。天性既鑿，人欲漸萌。披木葉，藉草萊，食果飲水，長幼群居。無爪牙之利以禦猛獸；無官民之分以制剛虣同"暴"。強食弱肉，民不堪

---

① 《老子》二十章："衆人熙熙，如享太牢，如登春臺。我獨泊兮，其未兆，如嬰兒之未孩。"

處。即山川土地之勢財度九州，九頭各居其一，而爲之長。人皇居中，以制八輔，謂之九頭紀。《老子》曰："執大象，天下往。往而不害，安平泰。"三十五章。子孫相承，歷五千四百年。初人皇氏没，中天皇氏出，當元經會之六。

  按：初天皇氏繼盤古以長天下，合初地皇氏，初人皇氏，共治一會有半，凡一萬六千四百年。通前五會，積五萬四千年。天初三皇，世代宜有短長，不應俱得五千四百年之整。然以《皇極》推之，雖日有盈縮，而月之日不出三十。月有小大，而歲之月不出十二。

  歲、月、日、時，小年也；元、會、運、世，大年也。則知物初生民，元氣渾然，無營無欲，相忘冥芒之中，世壽綿邈，物無害者。故《老子》曰："聖人處無爲之事，行不言之教。萬物作而不辭，生而不有，爲而不恃。"二章。愚嘗欷曰：後世有三皇之土宇，而三皇無後世之人民。爲之長者，能使是民爲三皇之民，以廣處三皇之地，則老子作書本旨，不爲徒言矣。

中三皇氏

元經會之六

連通紀四。連通，六姓。一作"連遙紀"。①

中天皇氏〔日甲一 月巳六 星甲一百五十一 辰子一千八百一〕。中天

---

① 謝守灝編《混元聖紀》卷一："連通紀，六姓。或作'連遙紀'。《春秋緯》及《河圖》《五皇曆》皆作'連通紀'。"又《春秋命曆序》作"連迊紀"；《洛書》作"連逋紀"；《資治通鑑外紀》卷一、《路史·前紀》卷二均作"連遹紀"；《廣雅》卷九《釋天》作"連通"。"通"與"遹"，蓋形近而訛。

皇，號泰皇氏，繼初人皇氏而王，入六會之初。當時之民，如童初冠生，實不足以濟飢餒，取動物之可食者而飽其腹。恬淡自安，他無營争，雖有君長之，而民安其故。伯陽父曰："泰古二皇，得道之君，立乎中央，神與化行，以撫四方。是故能天運地墲，而輸轉無廢，水流不止，而與萬物相終始。"語出《淮南子·原道訓》，文字與此略異。世代相承，歷五千四百年。中天皇氏没，中地皇氏出。

五姓紀五。《河圖》云："通紀五姓。"

中地皇氏〔日甲一 月巳六 星己一百六六 辰子一千九百八十一〕。中地皇，號有巢氏，繼泰皇氏而王。"當是時也，山無蹊隧，澤無舟梁，萬物群生，連屬其鄉，禽獸成群，草木遂長"《莊子·馬蹄》，人民野處，不勝虎狼蛇豕之毒。有巢氏教民構木爲巢，以避群害。冬則處穴，夏則居巢，寒暑有備，禽蟲不傷，然後民安其所。天下九頭，咸歸而尊事之。子孫相承，歷五運凡一千八百年。中地皇氏没，中人皇氏出。

脩蚃紀六。脩蚃，九姓。《河圖》作"居方氏"，《外紀》作"循蚃紀"。

中人皇氏〔日甲一 月巳六 星甲一百七十一 辰子二千四十一〕。中人皇，號燧人氏，繼有巢氏而王。人民巢居穴處，飲血茹毛，傷害腹胃，漸致夭喪。有燧人氏始教民鑽木取火，炮生爲熟，避腥去臭，養人利性，遂天之道，故號燧人氏。天下之民飽其熟味，含哺鼓腹《莊子·馬蹄》："含哺而熙，鼓腹而遊"，"其行填填，其視顛顛"《莊子·馬蹄》，"陰陽和順，鬼神不擾，四時得節，萬物不傷，群生不夭"《莊子·繕性》。《老子》曰："以道莅天下者，其鬼不神。非其鬼不神，其神不傷人。非其神不傷人，聖人亦不傷人。夫兩不相傷，故德交歸焉。"六十章。世代相承，歷一千三百一十年，而後天皇氏作。

　　按：中三皇之世，民俗真淳，凡爲君人之長，不有制作大功，民無稱焉。故有巢氏以構巢得號，燧人氏以鑽火得號，即其功德而民稱之，厥後子孫因以命氏。故伏羲之諸侯，猶有有巢氏者存，而後又爲相代之君，一號大巢氏，非一有巢可知矣。

三五章五

三五，後三皇逮五帝也。《老子》曰："上德不德，是以有德；下德不失德，是以無德。上德無爲而無以爲，下德爲之而有以爲。"三十八章。《傳》曰："太上立德。"其上德之謂乎！上德次道，故曰"太上立德"。是兼三五而言也。《莊子》曰："古之人，在混芒之中，與一世而澹漠焉。此之謂至一。當是時也，莫之爲而常自然。逮德下衰，及燧人、伏羲始爲天下，是故順而不一。德又下衰，及神農、黄帝始爲天下，是故安而不順。德又下衰，及唐虞始爲天下，興治化之流，澆淳散樸。"《莊子·繕性》古道變矣。莊子當時，必得尚闕古史，故序群后世次，頗同諸説。中三皇共八千五百一十年，通前合六萬二千五百一十年，而後天皇伏羲氏作。

後三皇氏

因提紀七。《河圖》作"提挺氏"。

後天皇氏〔日甲一 月巳六 星丁一百七十四 辰未二千八十四〕。後天皇，號伏羲氏，風姓。歲起攝提，始甲寅，以木德王，都太昊之墟，教民伏犧，因以爲號。冶金成器，示民炮食，一號庖犧。仰觀俯察，近取遠求，畫八卦，造書契，作甲歷，結繩而爲網罟，以畋以漁，而聖職教化之道興。當時人民群處，綱常未立。伏羲德合上下，法兩儀，以正君臣父子夫婦之義，於是人倫乃正。"繼天而王"，"爲百王先"，① 尊之曰天皇。太昊在位一百一十六年，傳女媧至無懷，通十五代，歷一千三百單七年，而後地皇神農氏作。

  按：共工氏，伏羲之諸侯也。其後祝融氏生神農，是謂炎帝。後至堯時，復有共工云者，蓋子孫相仍爲官爲氏爾。

禪通紀八。禪通，七十二姓。《河圖》作"通姓紀"。

後地皇氏〔日甲一 月巳六 星辛百七十八 辰卯二千一百二十八〕。後地皇，號神農氏，姜姓。起辛丑，以火德王，都魯。當時人民啖茹生疾，陰陽相寇，神農嘗百草，制百藥以療之。教民耒耜之利，以播種百穀，民乃粒食。日中爲市，有無相通，使民宜之。"諸侯夙沙氏炎帝之臣，相傳煮海爲鹽，被尊爲鹽業之祖叛不用命，箕文諫而殺之。神農脩德，夙沙之民，自攻其君而歸。"見《藝文類聚》卷十一、《太平御覽》卷七十八引《帝王世紀》，略見於《呂氏春秋》《淮南子》。其地南通交趾，北接幽都，西距三危，東連暘yáng谷古稱日出之處。《尚書·堯典》："分命羲仲，宅嵎夷，曰暘谷，寅賓出日"。在位一百四十年，傳臨魁至榆罔八世，歷五百二十六年，而後人皇氏作。

流訖紀，一作"疏仡紀"。小司馬唐代司馬貞《三皇紀》即《史記索隱》所載《三皇本紀》云："流訖紀當黃帝時，置九紀之間。"

後人皇氏〔日甲一 月巳六 星壬百七十九 辰申二千百四十五〕。後人皇，號軒轅氏，公孫姓，長於姬水，改姬姓。起庚子，以土德王，都軒轅之丘，因號焉。承榆罔之衰，蚩尤不用命，戰于涿鹿

---

① 《太平御覽》卷七十八引皇甫謐《帝王世紀》："燧人氏沒，庖犧代之，繼天而王，首德于木，爲百王先。"

古地名，位於今河北涿鹿縣東南，戮于中冀。於是以雲紀官，舉風后、力牧、太山稽、常先、大鴻，"得六相而天地治，神明至"；① 次而太常、奢龍、祝融、大封、后土、倉頡之倫，職之以事，始作宮室、舟車、臼杵、《易·繫辭下》："臼杵之利，萬民以濟。"弧矢、《易·繫辭下》："弦木爲弧，剡木爲矢，弧矢之利，以威天下。"棺槨，鑄鍾鼎，"服牛乘馬，以利天下"《易·繫辭下》。

命倉頡制字，而衣冠文物禮樂法度興焉。遂使"羲和占日，常儀占月，車區占星氣，大撓作甲子，〔一云"伏羲命大撓作甲曆"，豈世襲其官云？〕伶倫造律呂，隸首作算數，容成總斯六術"《世本·作篇》，成陰陽律曆之書。畫野分州，經土設井，人民不爭，百官無私，市不預賈，相讓以財，四夷賓貢，諸侯咸歸，是爲黃帝。聞廣成子居空同之山，往拜問道。在位一百年，跨鼎湖，登雲天而仙。黃帝之子二十五宗，得姓者十四人，別爲十二姓：姬、酉、祁、己、滕、箴、任、苟、僖、佶、儇、依。② 正妃嫘祖，生二子：曰玄囂，是爲青陽；曰昌意，是爲若水侯。

按：史曆諸書稱皇者九，以九紀考之，則初中後各爲三皇也。天職生覆，地職形載，聖職教化。故聖人爲生民立極，爲天下後世開物成務而已，《易·繫辭上》："夫《易》開物成務，冒天下之道，如斯而已者也。"曾何有心於名號哉？伏羲氏傳女媧氏、大庭氏、栢黃氏、中央氏、栗陸氏、驪連氏、赫胥氏、尊盧氏、混沌氏、皞英氏、有巢氏、朱襄氏、葛天氏、

---

① 《管子·五行》："昔者黃帝得蚩尤而明於天道，得大常而察於地利，得奢龍而辯於東方，得祝融而辯於南方，得大封而辯於西方，得後土而辯於北方。黃帝得六相，而天地治，神明至。"

② 十二姓見《國語·晉語四》胥臣語。據徐元誥《國語集解》，"己"應作"紀"，"苟"應作"荀"，"佶"應作"姞"，"依"應作"衣"。

陰康氏、無懷氏，通十有五氏。驗之伏羲冊辭，大庭、無懷一十氏，皆伏羲分治之臣，豈一人之身，前爲伏羲之臣，而後爲相代之君乎？當是各氏子孫相承耳。如女媧氏爲伏羲后，有補天之功，伏羲在位百有餘年而没，乃又曰女媧相繼爲君，在位一百一十三年，意必相繼爲君者，女媧氏之後乎？若無懷氏亦然。神農氏傳帝臨魁、帝承、帝明、帝直、帝釐、帝哀、帝榆罔八世，以即位甲子配合計之，軒轅氏合伏羲、神農，通治一千九百三十三年，而九紀終焉。

又按：《漢舊儀》云："祭三皇、五帝、九皇、六十四氏，凡八十一姓，皆古帝王也。"故鄭司農①釋《周官》以三皇、五帝、九皇、六十四氏爲四類氏。

又按：《丹壺記》云："皇次四世、蜀山匜傀六世、渾敦七世、東戶十七世、皇覃七世、啓統三世、吉夷四世、几渠一世、狶韋四世、大巢二世、遂皇四世、庸成八世，凡六十有八世，是爲因提之紀。倉頡一世、栢皇二十世、中央四世、大庭五世、栗陸五世、麗連十一世、軒轅三世、赫胥一世、葛天四世、宗盧五世、祝融二世、昊英九世、有巢七世、朱襄三世、陰康二世、無懷六世，凡八十有八世，是爲禪通之紀。又有鉅靈氏、句彊氏、譙明氏、涿光氏、次民氏，總曰循蜚紀，有號而無世。自是而上，亦惟有九皇氏、地皇氏、天皇氏。又上古乃有盤古氏基之。"亦見羅泌《路史·前紀卷三》，作《丹壺書》云。

---

① 鄭司農：即東漢經學家鄭衆（？—83），字仲師，河南開封（今開封南）人。因其曾官大司農，故稱。

又按：《呂梁碑》① 載："古封禪七十二家，而夷吾所識者十有二。"此條亦載《管子·封禪》篇。他書所載，古氏號尤多，漫不可考。今攟九紀、九皇之爲叙，固不敢失於恍惚，亦不敢墮於脱略。《老子》曰："能知古始，是謂道紀。"十四章。

少昊氏〔日甲一 月巳六 星癸一百八十 辰子二千一百四十九〕，軒轅子，曰青陽，己姓，繼黄帝而王。起己卯〔辰之子十六年〕，受命之日鳳凰至，遂以鳥紀官，以金德王，都曲阜今山東曲阜市東北，號金天氏。順時迎氣，昭配神明，以能修太昊之法，尊爲少昊。晚衰，"九黎黎氏九人，蚩尤之徒也亂德，民神雜揉，不可方物，失民作享，家爲巫史，② 烝嘗冬祭曰烝，秋祭曰嘗，後泛指祭祀無度，神狎 xiá，附而近之，習其所爲氏民，嘉生不降，無物以享，禍災荐臻"《國語·楚語下》，與原文略異。在位八十四年，乃授命于顓頊。子二：曰重、曰蟜極。

顓頊〔日甲一 月巳六 星癸一百八十 辰卯二千一百五十二〕，軒轅孫，昌意子，姬姓。十歲佐少昊，十二而冠，二十而代有位。起壬寅〔辰之卯九年〕，以水德王，都衛，因名帝丘今河南濮陽縣東南。後徙高陽今河南杞縣西南，號高陽氏。養材以任地，載時以象天，乃命南正重司天以屬神，火正黎司地以屬民，使復舊章，無相侵瀆，作曆以寅爲正事見《國語·楚語下》。是歲正旦正月初一立春，五星東方歲星（木星）、南方熒惑（火星）、中央鎮星（土星）、西方太白（金星）、北方辰星（水星）會營室。其統四廣，同神農之

---

① 據羅泌《路史·餘論卷七》載，《呂梁碑》爲漢劉耽所書，字爲小篆，碑中叙紀虞舜之世。

② 巫史：古時從事占卜、降神等活動的人爲"巫"，掌管天文、星象、曆數、史册的人稱"史"。此職最初往往由一人兼任，統稱"巫史"。

地。其法婦人路行，不避男子者，拂之四達之衢。《淮南子·齊俗訓》："帝顓頊之法，婦人不辟男子於路者，拂之於四達之衢。"命飛龍效八風①之音，作《承雲》之樂，以祭上帝事見《呂氏春秋·古樂》。在位七十八年，子窮蟬。

帝嚳〔日甲一 月巳六　星癸一百八十 辰巳二千一百五十四〕，少昊孫，蟜極子。年十五，佐顓頊治。十有五年，代有天下。起己未〔辰之巳二十六年〕，以木德王，都亳 bó，今河南商丘市東南，號高辛氏。命咸黑②爲聲歌：《九招》《六列》③《六英》，倕 chuí 作鼙、鼓、鍾、磬、吹笭 líng、管、壎 xūn，亦作"塤"，古時陶製吹奏樂器，六孔、篪 chí，吹奏樂器，土曰壎，竹曰篪，令鳳鳥、天翟舞之，以康帝德。事見《呂氏春秋·古樂》。順天恤民，身脩而天下服。《史記·五帝本紀》："順天之義，知民之急。仁而威，惠而信，脩身而天下服。"子四：曰棄、曰梁、曰摯、曰堯。"少昊之前，天下之號象其德，百官之號象其徵；顓頊以來，天下之號因其地，百官之號因其事。"唐代賈公彦《周禮正義序》。"嚳，極也，能窮極道德，序三辰以固民"，④故號帝嚳。在位四十六年，帝摯代位，起己未，荒淫無度，不脩善政，在位九年而廢，通五十五年。

帝堯〔日甲一 月巳六 星癸一百八十 辰未二千一百五十六〕，帝嚳子，

---

①《呂氏春秋·有始》："何謂八風？東北曰炎風，東方曰滔風，東南曰熏風，南方曰巨風，西南曰淒風，西方曰飂風，西北曰厲風，北方曰寒風。"

② "咸黑"，原作"黑咸"，據《呂氏春秋·古樂》改。咸黑，帝嚳之樂官。

③ "六列"，原作"九列"，據《呂氏春秋·古樂》改。

④ 語見《資治通鑑外紀》卷一。另，《國語·魯語》曰："帝嚳能序三辰以固民。"《白虎通》卷二《號》曰："謂之帝嚳者何也？嚳者，極也。言其能施行窮極道德也。"

伊祁姓，名放勛。初封唐侯。年十六，帝摯廢，衆推唐侯陞天子位。起甲辰〔辰之未十一年〕以火德王，都平陽今山西臨汾市堯都區西南，號唐氏。乘摯衰廢之餘，民食惟艱，乃脩德尚儉，"土堦三尺，茅茨不剪，采椽不斲"，① 宮垣不塈，窪樽抔 póu 飲，示民素樸。"一民飢，則曰我飢之也；一民寒，則曰我寒之也；一民有罪，則曰我陷之也。百姓戴之如日月，親之如父母。"②

"命羲和欽若昊天，曆象日月星辰，敬授人時。期三百有六旬有六日，以閏月，定四時，成歲，歲曰載，建寅月爲正。分命羲仲、羲叔、和仲、和叔牧四岳，允釐百工，庶績咸熙。"然數當六會之末，水不潤下。當堯六十一載甲辰，洪水方割，命鯀治水，九載，績用弗成。咨四岳曰："朕在位七十載，將巽位。"岳曰："有鰥在下，曰：虞舜。"遂釐降二女，嬪于虞，徵試三載，曰："咨！爾舜！天之曆數在爾躬，允執其中。"乃讓位于舜。堯在位七十載，舜癸丑徵庸，歷試三載〔一在七十載之中〕，丙辰受命于文祖，居攝二十有八載。癸未，堯乃殂落，壽一百一十六歲。"命羲和欽若昊天"以下，主要節略自《尚書·堯典》《尚書·舜典》。

帝舜〔日甲一 月巳六　星癸一百八十 辰戌二千一百五十九〕，顓頊之子窮蟬五代孫，生于姚墟，姚姓，名重華。起癸未，以土德王。

---

① 《韓非子·五蠹》："堯之王天下也，茅茨不剪，采椽不斲。"《太平御覽》卷九九六引《尹文子》曰："堯爲天子，衣不重帛，食不兼味，土堦三尺，茅茨不剪。"

② 語見《資治通鑑外紀》卷一。出自劉向《說苑》卷一《君道》："河間獻王曰：'堯存心於天下，加志於窮民，痛萬姓之罹罪，憂衆生之不遂也。有一民飢，則曰此我飢之也；有一人寒，則曰此我寒之也；一民有罪，則曰此我陷之也。仁昭而義立，德博而化廣，故不賞而民勸，不罰而民治，先恕而後教，是堯道也。'"

初在隱微，曰虞氏。陶于河濱，耕于歷山，① 漁于潙汭 guī ruì。堯降二女以妻之，歷試諸難，三載考績，乃命以位。在璿璣玉衡，以齊七政，肆類于上帝〔天也〕，以物之類天者祀上天。禋 yīn，潔祀，精意以享于六宗〔四時、寒暑、日、月、星辰、水旱也〕，望于山川〔遥祭也〕，徧于群神〔祀典不載，皆徧及之〕，輯五瑞，覲四岳群牧，班瑞于群后。巡四岳，肇十有二州，封十有二山。去四凶，咨四岳，咨十有二牧。伯禹作司空，平水土，稷姬姓，名棄，黄帝玄孫、帝嚳之子。堯舜時掌農業之官，爲周人始祖播時百穀，《尚書·舜典》："帝曰：'棄！黎民阻飢，汝后稷播時百穀。'"契子姓，名契，帝嚳之子，帝堯異母兄弟。堯舜時掌教育之官，被堯封於商，爲商朝始祖作司徒職官名，掌土地及民衆教化，皋陶作士掌刑法獄訟之官，垂共工〔共讙百工之名也〕，益②作虞〔掌草木鳥獸〕，伯夷姜姓，炎帝之後。輔政堯舜，掌四岳，典三禮，定五刑，夏禹時封於吕典三禮〔祀天神，祭地祇，享人鬼，序祭祀，崇之禮也〕，夔典樂，教胄子，龍作納言〔通上下之言，以止讒説殄行〕。

禹、垂、益、伯夷、夔、龍六人，新命有職。四岳十二牧，凡二十有二人。舜將讓位，曰："來！禹！天之曆數在汝躬，汝終陟元后。"舜生三十，徵庸三十，試三載〔亦在徵庸〕，攝政二十有八載，居喪三年。丙戌，格于文祖，遷蒲坂相傳爲舜都，在今山西永濟市西蒲州，在位三十有三載。丁巳，命禹攝政，十有七載，陟方乃死〔除徵庸，以在位合禹攝，共五十載〕，壽一百一十歲本段文字

---

① 歷山：其説不一，或曰即今山西永濟市蒲州鎮南雷首山。《水經·河水注》："郡南有歷山，謂之歷觀，舜所耕處也。有舜井，嬀、汭二水出焉，南曰嬀水，北曰汭水，西徑歷山下。"或曰即今山東濟南市南郊千佛山。《水經·濟水注》："城南對山，山上有舜祠，山下有大穴，謂之舜井。《書》：'舜耕歷山'亦云在此。"

② 益：又稱伯益、伯翳、大費。舜時東夷部落的首領。相傳益助禹治水有功，命其爲虞，以掌山林川澤，並賜姓嬴氏。

主要節略自《尚書·舜典》。

　　右少昊至舜，凡六帝。摯廢附高辛後，不在五帝列，通三百五十年。自太易初元以來，積六萬四千七百九十三年。禹丁巳受命，又七年，而前六會終焉。《老子》曰："失道而後德，失德而後仁。"三十八章。言皇道不足，降而爲帝德；帝德不足，降而爲王之仁義也。堯、舜、禹授受，當天地交會，一元中分。先儒謂《經世書》以皇與帝爲先天六會，王與伯爲後天六會。然則數終六會，洪水降災，使非有如堯、舜、禹者出，則民其魚鼈矣，故天下譽之。

　　愚嘗謂少昊、顓頊、帝嚳、帝摯、帝堯是爲五帝，禹首三王，舜則居堯之下、禹之上。太史氏以帝摯罔道，舜有大德，故黜摯而升舜，可不監哉？及觀《皇極經世圖》，於元之初起，日甲一，月子一，星甲一，辰子一，其後以元經會，以會經運，以運經世，遞遞交替，更易相仍，加積一數至六會。當經月之巳六，經星之癸一百八十，經辰之子二千一百四十九，而始布甲子。十六年己卯，而少昊受命，歷顓頊、高辛，逮經辰之未二千一百五十六，當甲午世。又十一年甲辰，而堯受命。自此以往，方遞書甲子以紀年紀事，豈大撓之作始此歟？

王伯章六

　　三王，夏、商、周也。五伯，齊、楚、秦、晉、宋也。禹八年甲子，一元中分，起七會之初，後堯、舜而先湯、武，功亦大矣。《老子》曰："上仁爲之而無以爲，上義爲之而有以爲，上禮爲之而莫之應，則攘臂而仍之。"又曰："失德而後仁，失仁而後義，失義而後禮。"三十八章。《傳》曰："其次立功，其次立言。"如禹之治水，行其無事，功及萬世，非立功乎？其後降而爲伯，又降而"禮樂征伐自大夫出"，① 則其失仁失義，而禮之薄可見矣。故孟子亦曰："堯、舜，性之；湯、武，身之；五霸，假之也。"《孟子·盡心上》邵氏曰：自七會入陰長之期，而無陽升之會。雖然陰陽迭運，消長有時，而道德功力，獨不可以迭見乎？

夏禹〔日甲一 月巳六　星癸一百八十 辰亥二千一百六十〕，姒②姓，名文命，顓頊孫、鯀之子也。丙辰，舜薦禹于天命之位，丁巳居攝。七年之後，當元經會之七。

元經會之七

禹八年〔日甲一 月午七　星甲一百八十一 辰子二千一百六十一〕，居攝十七年，癸酉，舜陟方乃死，禹正王位，以金德王，建寅爲正，都平陽。禹初襲父崇伯之爵，故稱伯禹。作司空，平水土。《書》曰："禹乘四載，〔水乘舟，陸乘車，泥乘楯，山乘樏。〕隨山刊木，決九川，距四海，濬畎澮距川，任土作貢，娶于塗山，生子啓。八年于外，三過其門而不入，惟荒度土功，弼成五服見《原旨》釋經文五十四章之脚注，至于五千，〔每州五百里，五服二千五百里，東西相距五千里，南北如之。〕州十有二師，〔甸侯綏方三千里，是九

---

① 《論語·季氏》："孔子曰：'天下有道，則禮樂征伐自天子出；天下無道，則禮樂征伐自諸侯出。自諸侯出，蓋十世希不失矣；自大夫出，五世希不失矣；陪臣執國命，三世希不失矣。天下有道，則政不在大夫。天下有道，則庶人不議。'"

② 姒，《正統道藏》本原作"似"，《中華道藏》本因之，誤。似當爲"姒"之形訛。據《史記·夏本紀》《帝王世紀》《論衡》等改。

州之内也,每州立十二人爲諸侯師。〕外薄四海,〔要荒各一千里,實九州之外也,薄迫四海。〕咸建五長,〔每服服皆五人爲長。〕各迪有功,脩六府水、火、金、木、土、穀,則三壤正德、利用、厚生,成賦中邦。禹受命之初,惟時有苗弗率,乃會群后,誓于師曰:'濟濟有衆,咸聽朕命,蠢茲有苗,昏迷不恭,侮慢自賢,反道敗德,君子在野,小人在位,民棄不保,天降之咎,肆于以爾衆士,奉辭罰罪。爾尚一乃心力,其克有勳。'三旬苗民逆命,益贊于禹,班師振旅,舞干羽而苗民格。"節略自《尚書》之《大禹謨》《皋陶謨》《禹貢》等篇。

《老子》曰:"用兵有言,吾不敢爲主,而爲客;不敢進寸,而退尺。"六十九章。如禹之用兵者,可謂王者之師也。然不有禹誓於前,則亦何有《湯誓》《泰誓》於後。"豈始作俑者,其無後乎?"《孟子·梁惠王上》此又可爲先人者之戒。禹任皋陶、伯益,以贊其治,興六師以征不庭不朝於王庭者,四極莫敢不服。"東漸于海,西被于流沙,朔南暨,聲教訖于四海。"《尚書·禹貢》居攝十七年,踐位十年,通二十七年。癸未,東巡至會稽今浙江紹興市,崩,壽一百歲。傳子啓。夏一十七王,合四百五十八年,桀放而夏亡。

商湯〔日甲一 月午七 星乙一百八十二 辰卯二千一百七十六〕,子姓,名履,字天乙,禹司徒契十四代孫。爲諸侯十有七年,放桀,踐王位。起乙未〔人辰之卯二年〕,以水德王,建丑爲正,都亳,是謂成湯。自契至於成湯,八遷,湯始居亳。得伊尹于莘野,① 以葛伯不祀,湯征諸侯自葛始。桀昏德,民墜塗炭。湯薦伊尹于夏,五就桀而不能用。既醜有夏,復歸于亳。湯乏職貢,桀興問

---

① 莘野:有莘之野。《孟子·萬章上》:"伊尹耕於有莘之野。"趙岐注:"有莘,國名。伊尹初隱之時,耕於有莘之國。"

罪之師，九夷師不至。伊尹曰："可矣。"於是相湯伐桀，誓于衆，戰于鳴條，放桀南巢，而天下歸湯。湯有慚德，《尚書·仲虺之誥》："湯歸自夏，成湯放桀于南巢，惟有慚德。"故《盤銘》曰："德日新，日日新，又日新。"《大學》："湯之《盤銘》曰：'苟日新，日日新，又日新。'"

在位一十三年，壽一百歲。迨盤庚二十一年庚申，老子乘日精降亳，托孕於尹氏之玄妙玉女。武丁①二十四年庚辰二月十五日，生于李下，因指李爲姓。帝辛紂淫湎暴虐，比干以諫死，微子囚，箕子奴，逢蒙誅。② 西伯戡黎，祖伊紂時賢臣，諫紂，弗聽恐，作《戡黎》。紂乃曰："我生不有命在天。"《尚書·西伯戡黎》昏弗聽諫。周武王伐之，兵敗走鹿臺，衣其寶玉，赴火而死。《老子》曰："太上，下知有之；其次，親之，譽之；其次，畏之，侮之。"十七章。噫！桀固不道矣，成湯放之；紂固不道矣，武王伐之，可不謂畏之者乎？商三十王，六百四十四年，商亡歸周。

周武王〔日甲一 月午七 星丁一百八十四 辰子二千一百九十七〕，姬姓，名發，堯農師后稷棄之後，文王昌之子也。昌事紂，與九侯、鄂侯同爲三公。昌被譖，囚羑里七年。後獻地，得賜弓矢斧鉞，因公季得專征伐，爲西伯。紂二十四年，文王没。又九年，武王以太公望爲師，周公旦爲輔，革殷受命。還豐地名，亦作鄷，即豐京，文王舊都，今陝西西安市長安區西北，踐天子位，南面朝諸侯，大誥天下。起己卯〔辰之子十六年〕，以木德王，月建子爲正。乃

---

① 武丁：商朝第二十三位君主，子姓，名昭，商王盤庚之侄，商王小乙之子。在位五十九年，開創"武丁盛世"。

② 逢蒙誅：此説疑誤。相傳逢蒙爲帝堯時人，善射，師后羿。《孟子·離婁下》："逢蒙學射於羿，盡羿之道，思天下惟羿逾己，殺羿。"

反商政，釋箕子囚，封比干墓，式表式商容①閭，散鹿臺之財，發鉅橋之粟，太賚jī，賜予四海，萬姓悅服。列爵惟五，公、侯、伯、子、男。分土惟三，公侯百里，伯七十里，子、男五十里。

建官惟賢，位事惟能，重民五教，君臣、父子、兄弟、夫婦、朋友。惟食民以食爲天，重民也喪以篤於孝祭報本反始，慎終追遠，敦信明義，崇德有德者崇而尊之報功有功者祿而報之，垂拱垂衣拱手而天下治。事見《尚書·武成》。

竊嘗歎曰：唐有四凶，誅四凶者舜；虞有三苗，征三苗者禹；夏之湯征自葛；商之西伯戡黎；凡古之得天下者，揖遜征伐，鮮不先有其勢。天乎？人乎？勢使之然乎？武王在位六年，壽九十三歲。後一百二十一年，昭王南巡不返。又一百七年，夷王下堂見諸侯。又五十三年，厲王奔彘，周、召二伯行政一十四年，號共和。厲王死于彘，二伯立太子靜爲宣王。仲山甫、尹吉甫、方叔通、周、召爲五伯，輔宣王，大修文武之功。又五十七年，幽王爲申侯②所殺，而平王東遷于洛邑，號曰東周。錫晉文侯、秦襄公命。又六十四年，桓王以蔡、衛、陳之師伐鄭，鄭爲左右拒，射王中肩。又四十年，惠王錫齊桓公命爲伯。又三十年，襄王廢狄后，狄師攻周，王出奔鄭。鄭居王于氾，叔帶代立。明年，王告急于晉，晉文公納王于周，而誅叔帶，使王子虎賜晉文公土地而稱伯。

至此，齊、晉、秦、楚、宋五伯日益強盛而王室寖jìn，漸也

---

① 商容：殷紂時賢臣，掌禮樂，不滿紂王荒淫暴虐，多次犯顏進諫而遭廢黜。武王克商後，表其閭里，以示敬賢。

② 申侯：西周封國申國（今河南南陽市北）國君，其女原爲周幽王後，生子宜臼，立爲太子，後被廢，逃奔申國，申侯聯合東方繒國與西方犬戎進攻幽王。前771年，幽王爲犬戎所殺，西周覆亡。

衰。又三十一年，楚王楚莊王伐陸渾，① 觀兵于周，遣使問鼎，事見《史記・周本紀》《史記・楚世家》。而侮之之風至此甚矣。又五十五年，靈王庚戌，孔子生。又七十八年，孝王崩〔"孝"與"考"，諸本互差〕，太子午嗣位，是謂威烈王。〔河南惠公封其少子鞏稱東周君，一云孝王復號西周，封其弟桓公于河南，七年東周立，周分爲二。〕又五十八年，顯王甲寅，趙、韓分周爲二〔七年辛酉東周傑立〕。又三十一年，乙酉，孟軻爲魏卿。又二十九年，赧王甲寅，東、西二周君相攻。又五十一年，赧王乙巳，會齊、韓、趙、魏兵攻秦，不利，西奔秦，盡獻其邑，還周而卒。

周三十六王，八百六十七年，而西周滅。前771年。又六年，東周惠君會諸侯攻秦，不利，没於秦，盡入其地。

右三王，通一千九百六十九年，而桓齊桓公、文晉文公伯於一千五百餘年之後。以三代考之，則湯、武已由伯而王，是不待桓、文出而後伯也。況夏伯昆吾，② 商伯大彭、豕韋③亦已見於二代。襄王後去昆吾、大彭、豕韋，入秦宋楚爲周五伯也。前六會六萬四千八百年，除開物前及盤古，通四會四萬三千二百年。初天皇氏出，人極始立。由初天皇至大禹七年，通二會凡二萬一千六百年之間。少昊而下稱帝者五，通十有一世又三分世之二，則是稱皇者二

---

① 陸渾：古地名，春秋時秦、晉二國使居於其地之"允姓之戎"遷居伊川，以陸渾名之。故城在今河南嵩縣東北。

② 昆吾：夏時部落名，己姓。初封於濮陽（今屬河南）。夏衰，昆吾爲夏伯，遷於舊許（今河南許昌），後爲商湯所滅。

③ 大彭、豕韋：大彭，古國名，在今江蘇徐州銅山區一帶。豕韋，古國名，相傳爲祝融之後，在今河南滑縣一帶。《國語・鄭語》："大彭、豕韋爲商伯矣。"

萬一千二百五十年，稱帝者纔及三百五十年。

何帝運之促而皇運之長耶？非也。神農已稱炎帝，其後帝臨魁八世，俱以帝稱。軒轅亦稱帝。考此則是後三皇而下，稱皇稱帝，互見疊出，已參錯于一千九百三十三年之中矣。三王自夏丁巳始，凡一千四百五十四年，至平王東遷，政由方伯，然則五伯之興，孽萌蘖、萌生于昭王，漸于夷王，形于平王，成于釐、惠之世，而周拱虛器指周王室形同虛設，空有帝王之名位而無其實矣。迹此而論，豈非皇有可親、帝有可譽、王有可畏、伯有可侮乎？

按：皇、帝、王、伯者四，而禹即位之八年，當一元中分之時，上而曰皇、曰帝，下曰王、曰伯。以後六會言之，閉物前四會有半，王、伯中分，而王二會有奇，凡二萬四百三十五年。三王纔及一千九百六十九年，而伯已參錯于其間。其伯豈其伯哉？蓋有王之皇、王之帝、王之王、王之伯者存焉，而又有王之皇之皇、王之皇之帝、王之王之伯者存。如春行夏令，秋行冬令，四時之氣，有時而遷，不可以一法言也。

《易》曰："知變化之道者，其知神之所爲乎！"《易·繫辭上》愚前之所謂理、氣、象、數之四端者，有是理則有是氣，有是氣則有是象，有是象則有是數矣。一元十二會，配一歲十二月；一會三十運，配一月三十日；一運十二世，配一日十二時；一世三十年，配一時三十分。是故一世三十年，得一十二萬九千六百時；一運十二世，得一十二萬九千六百日；一會三十運，得一十二萬九千六百月；一元十二會，得一十二萬九千六百年。此其略也，姑述一二，非曰能之，願學焉。語見《論語·先進》。

抑謂邵子之爲書，其言道德功力，以明皇、帝、王、伯，其義則吾竊取之矣。① 若夫觀物之爲言，卦氣音律之爲占，自有《皇極經世書》在。

玄經原旨發揮卷上

---

① 《孟子·離婁下》："王者之迹熄而《詩》亡，《詩》亡然後《春秋》作。晉之《乘》，楚之《檮杌》，魯之《春秋》，一也。其事則齊桓、晉文，其文則史。孔子曰：'其義則丘竊取之矣。'"

玄經原旨發揮卷下

教門後學當塗杜道堅注

降生章七

《老子》曰："吾不知誰之子，象帝之先。"四章。按《紀》《傳》，老子，大道之祖氣，象帝之先天也。① 故曰："先天而生，生而無形；後天而存，存而無體。"《太上洞玄靈寶天尊說大通經·真空章》（入《正統道藏》洞玄部本文類）惟無形體，故無定名；惟無定名，故隱顯莫測。殆亦混沌氏之謂乎！其在天也，曰虛皇天尊、無極大道君、天皇曜魄寶、高上老子、天皇大帝、九天上皇、洞真帝一君、太清天尊、太上玄元老君、金闕後聖君、九老仙都君、太上丈人、靜老天君、真元教主、金闕帝君；其降世也，則曰通玄天師、盤古先生、有古大先生、玄中大法師、鬱華子、廣壽子、大成子、廣成子、隨應子、赤精子、錄圖子、務成子、尹

---

① 見宋謝守灝編《混元聖紀》、宋賈善翔編《猶龍傳》、宋張君房纂輯《雲笈七籤·紀傳部·混元黃帝聖紀》等書。

壽子、真行子、錫則子、老子。① 所謂爲萬象主，爲帝者師，應號不一者乎！至曰玄元皇帝、大道玄元皇帝、太上混元天皇大帝、高上大道金闕玄元天皇大帝、太上老君混元上德皇帝，② 乃歷代册封之號也。所謂隱於太無，形於太初，遊於太虛，③ 生天生地，神鬼神帝，未有天地，自古以固存者，④ 其老君之謂乎！愚老子徒也，庸得引而申之。

老子，按《本紀》，李姓，名耳，字伯陽，諡曰聃。亳苦縣今河南鹿邑縣瀨〔亦作"厲"〕鄉曲仁里尹氏女感日精而孕，降生於商武丁二十四年庚辰二月十有五日。商以丑正爲歲首，二月建寅，即今正月上元節也。生而能言，指李爲姓，因其皓首，故號老子。誕世禎祥，備載《紀》《傳》。今亳之太清宮、九龍井、白鹿檜，聖迹猶存。

帝辛二十一年丁卯，辟地岐山，周西伯召拜守藏史，武王遷

---

① 見謝守灝編《混元聖紀》《太上老君年譜要略》《太上混元老子史略》、元趙道一編《歷世真仙體道通鑑》等書。

② 唐高宗李治於乾封元年（666）二月，追封老子爲"太上玄元皇帝"；唐玄宗天寶二年（743）正月，上尊號曰"太聖祖玄元皇帝"；天寶七載（748）六月，又加尊號爲"聖祖大道玄元皇帝"；天寶十三載（754）二月，上尊號曰"大聖祖高上大道金闕玄元天皇大帝"；宋真宗大中祥符六年（1013）八月，尊封爲"太上老君混元上德皇帝"。

③ 《太平御覽》卷一《天部一》引東漢王阜《老子聖母碑》曰："老子者，道也。乃生於無形之先，起於太初之前，行於太素之元，浮遊六虛，出入幽冥，觀混合之未別，窺清濁之未分。"又《猶龍傳》卷一："生於無形之先，起乎太初之前，長乎太始之端，行乎太素之元，浮遊幽虛，出入杳冥。觀混沌之未判，清濁之未分，三景之未光，萬物之未形。"

④ 《莊子·大宗師》："夫道，有情有信，無爲無形；可傳而不可受，可得而不可見；自本自根，未有天地，自古以固存；神鬼神帝，生天生地；在太極之上而不爲高，在六極致下而不爲深，先天地生而不爲久，長於上古而不爲老。"

柱下史，成王時仍柱史之職。昭王初，去官歸亳。二十六年癸丑，度函谷關，授關令尹喜《道德》二篇於終南山之草樓，遂出大散關，期喜會成都青羊肆，與喜西遊。值穆王西狩還周，景慕玄風，上終南修草樓，改號樓觀，命幽人幽隱之士尹軌、杜冲主祠事，稱道士者七人焉。老子尋東還，過樓觀，授尹軌、杜冲、宋倫《道德紫虚陽光經籙》。幽王召拜太史。三年辛酉，告王三川震，周將亡，遂隱去。平王三十四年癸卯，復出大散關。久之還中夏，敬王拜藏室史。

十八年，孔子偕南宮敬叔至周問禮。夷烈王二年，過秦，秦獻公授館致禮，問以曆數。赧王九年，老子遊女几地肺天柱，從是復出散關，涉流沙，西昇崑崙事見南宋謝守灝編《混元聖紀》卷一。居商一百七十四年，居周八百二十二年。周遊天下，輔世匡時，閱世九百九十六年。然則後之人以商、周觀老子者，不知有太上之老子。

以人間世觀老子者，又何知有先天之老子乎？故《經》曰："獨立而不改，周行而不殆。"二十五章。曰："執古之道，以御今之有。"十四章。其亦夫子自道者歟！若夫秦漢而下，至于唐宋，應身降現，神化無方，衆人固不識也。自有《本紀》《實錄》在。

授經章八

關尹子姓尹，名喜，仕周昭王爲大夫。善天文，預占東南真氣狀若龍蛇而西，是月融風三扇，天理西行，知有聖人度關，乞出爲函谷關令。昭王癸丑五月壬午，紫氣浮空，有老人駕青牛白奔 bēn 車，諸子驂乘，徐甲①爲御，將度關。喜迎拜下風，則老

---

① 徐甲，相傳自幼爲老子佣工。徐甲將死，老子授太玄清生符以生之。

子也。喜曰："大道將隱，強勉強爲我著書。"《史記·老子韓非列傳》遂館終南草樓，師事之。明年甲寅，授《道德》五千餘言。包絡天地，玄同造化，君臣民物，罔不賅備。尊道德小仁義，所以尊皇帝小王伯。大抵以明天道，明人道，正君心，正民心。其曰："以正治國，以奇用兵。"五十七章。曰："偏將軍居左，上將軍居右。"三十一章。

凡數章，頗類襃貶五伯之風。學者疑昭王時伯業未著，或指授經爲敬王時。殊不知夏商之衰，昆吾、大彭、豕韋已自稱伯。觀昭王江上不返，固不待齊、楚、秦、晉之出，而伯者之風亦已見矣。此老聖著《道德》所以兼功力而言也。

按：《乾》象河鼓①三星，主天子三軍。中星大將軍，左星左將軍，右星右將軍。《夏官》《周禮·夏官》上大司馬王五軍，大國三軍，已載之《周禮》。及考《穆王內傳》即《穆天子傳》，亦名《周王傳》《周王遊行記》，記周穆王西巡之事，晉郭璞注，言王西還，上終南，修草樓，則知授經爲昭王時明矣。關尹亦自著書九篇，名《關尹子》。自時其徒晉公孫辛鈃〔《吳越春秋》"鈃"作"研"〕，字計然，學於老子。敬王二年壬午南遊，楚平王②禮聘問道。既而適越，范蠡③師之，授蠡書十二篇，名

---

① 河鼓：星名，在牽牛之北，或曰河鼓即牽牛。《史記·天官書》："牽牛爲犧牲，其北河鼓，河鼓大星，上將；左右，左右將。"司馬貞《索隱》引孫炎曰："河鼓之旗十二星，在牽牛北，或名河鼓爲牽牛也。"

② 楚平王（？—前516）：芈姓，熊氏，名棄疾，楚共王幼子，楚靈王弟，前528年—前516年在位。

③ 范蠡：字少伯，楚國宛（今河南南陽市）人。春秋末期越國大夫。越爲吳所敗，隨越王勾踐赴吳爲質三年，返國後助越王勾踐圖強滅吳。後遊齊，至陶（今山東肥城西北陶山，一說山東定陶西北），經商致富，稱陶朱公。

《文子》，有《平王問道章》見今本《文子》卷五《道德》。

勾踐位以大夫。越伐吳，蠡諫曰："兵，凶器；戰，逆德。陰謀逆德，好用凶器，上帝禁之，行將不利。"引《文子》語也。① 勾踐不聽，敗於夫椒，囚石室，賂太宰嚭②得歸。嘗膽圖報吳，《史記·越王勾踐世家》："越王勾踐返國，乃苦身焦思，置膽於座，坐臥即仰膽，飲食亦嘗膽也。"既沼，③ 計然曰："勾踐長頸鳥喙，可與共患難，不可與共安樂。"蠡用其策，從五湖遊。計然亦佯狂遁，封禺今浙江德清縣東南之地。嘗登山篝隱，今吳興計籌山是也。列禦寇居鄭圃四十年，人無識者。安王周安王姬驕，周威烈王姬午之子，在位約 26 年四年約前 398 年，著書八篇，明老子之道。莊周字子休，號南華子。唐玄宗天寶元年 (742)，詔封莊子為"南華真人"。顯王周顯王姬扁，周烈王姬喜之弟，在位約 48 年三十年約前 339 年，楚聘爲相，不就事見《莊子·秋水》。隱濠上漆園，著書五十三篇，名《莊子》，今存三十三篇。

---

① 《文子》卷九《下德》："夫怒者，逆德也；兵者，凶器也；爭者，人之所亂也。陰謀逆德，好用凶器，治人之亂，逆之至也。"《國語·越語下》："夫勇者逆德也，兵者凶器也，爭者事之末也。陰謀逆德，好用凶器，始於人者，人之所卒也；淫佚之事，上帝之禁也。先行此者不利。"《史記·越王勾踐世家》："范蠡諫曰：'不可。臣聞兵者，凶器也；戰者，逆德也；爭者，事之末也。陰謀逆德，好用凶器，試身於所末，上帝禁之，行者不利。'"

② 太宰嚭：本名伯嚭，春秋時楚伯州犁之孫。楚誅伯州犁，伯嚭奔吳，吳以爲大夫，後任太宰。

③ 沼：池沼，此用爲動詞，以……爲池沼，指滅吳。《左傳》哀公元年："越十年生聚，而十年教訓，二十年之外，吳其爲沼乎！"杜預注："謂吳宮室廢壞，當爲污池。"

若夫庚桑楚、①南榮趎、②崔瞿、③栢矩、④士成綺、⑤尹文子⑥之徒，皆當時師事老子，傳其道，各有著述，載在典籍。然老子遊歷商周，亦既久矣。其親見猶龍，如孔子者，可無若人。自司馬遷以老、韓同傳，而老氏之門人失紀，遂使孔、老通家之學，後世無傳焉。惜哉！

西遊章九

老聖晚涉流沙，西昇崑崙，還紫微上宮，示有終也。終則有始，如四時之代行。故曰："功成名遂身退，天之道。"九章。曰："功成不居，其名不去。"二章。曰："不失其所者久，死而不亡者壽。"三十三章。是故聖人觀天之道，執天之行，出處進退，與造物者相爲無窮也。崑崙居地之西北，高萬餘里，廣稱之，上參碧落，浮黎⑦在焉。故羲皇之《艮》、文王之《乾》，俱位西北。天地有崑崙，猶人

---

① 庚桑楚：庚桑姓，名楚。又稱亢桑子、庚桑子。春秋時楚人，一說爲陳人。老子弟子，得老子之道，事見《莊子·庚桑楚》。《列子·黃帝篇》作"亢倉子"。

② 南榮趎：南榮姓，名趎，庚桑楚弟子。曾嬴糧七日七夜赴老子所，問道於老子，事見《莊子·庚桑楚》。

③ 崔瞿：亦名崔瞿子，老子弟子。曾問老子"不治天下，安藏人心"云云，事見《莊子·在宥》。

④ 栢矩：栢姓，名矩。懷道之士，學於老子，"請之天下遊"，事見《莊子·則陽》。

⑤ 士成綺：士姓，名成綺。曾請教老子脩身之道，事見《莊子·天道》。

⑥ 尹文子：戰國時齊人，稷下道家。與宋鈃齊名，號稱宋尹學派，著有《尹文子》。

⑦ 浮黎：即浮黎元始天尊。道教認爲浮黎元始天尊爲無極道身、昊天上帝（玉皇大帝）、三界十方最高主宰，居於三十六天大羅天玉京城金闕雲宮靈霄寶殿。

之有元首。天高西北，天門在焉，絕頂九峰，上應九天，乃上帝遊宴群真升陟之所。瓊林玉樹，琪花瑶草，七寶騫林，天風披拂，琳琅振響，自然宫商，蓋渾玉境界也。

按崑崙山者，天之中嶽也，在北海之間，上當天心，形如偃蓋，上廣下狹，叠爲三層，上與天齊，日月黃赤二道交會其上，三光行焉。東曰崑崙，西曰玄圃，北曰閬苑，南連積石山、岍水泉、北户諸山，上有瓊華之闕，光碧之堂，瑶池翠水，王母衆仙居焉。海中四嶽，爲之枝榦。十洲三島，入海大川，圍繞其側。絕頂之上有金臺五所，玉樓十二，金城千里。地生金根之樹、瓊柯之林、紫雀、翠鸞、碧桃、白李，百寶妙嚴，即黃帝天君，含樞紐鎮此山，與五嶽名山相通，常有神仙往來。考校生籍，上主填星之精，居於中元一氣天中焉。

夫海外之五嶽，即天地之五鎮；造化之五嶽，即五氣之宗祖也。愚謂老聖之升崑崙，殆復歸於無極歟！崑崙乃元氣之所舍、天帝君之所治，凡古之人王、世主、將相、大臣之有大功大德，與夫高人、善士之有玄功妙行者，皆得昇焉。豈違天之道、迷天之行者所能企及哉？抑聞仙者遷也，學道之士，如漢之三茅君、[1] 張輔漢、[2] 晉之許旌陽、[3] 葛仙公[4]輩，是皆功滿道備，初

----

[1] 三茅君：即茅盈、茅固、茅衷三兄弟。漢時咸陽人，得道後掌句容句曲山（今江蘇句容之茅山），爲道教茅山派創教祖師。

[2] 張道陵（34—156）：原名陵，字輔漢，沛郡豐縣（今屬江蘇）人。道教天師道創始人，著有《老子想爾注》。

[3] 許遜（239—374）：字敬之，江西南昌人。道教淨明派祖師，人稱許天師，道教尊爲許真君。曾於晉太康元年（280）出任旌陽令，故稱許旌陽。

[4] 葛仙公：指葛玄（164—244）：字孝先，號仙翁，三國吳丹陽郡句容縣（今江蘇句容）人。道教靈寶派祖師，道教尊爲葛天師、葛仙翁，亦稱太極仙翁。

則遷於名山，次則遷於十洲三島，至若遷崑崙而爲上界仙官者，不但可與老子爲徒，是可與天爲徒也。

按：《淮南子》曰："禹掘崑崙墟以下地，中有層城九重，其高萬一千里，上有禾木，其脩五尋。珠樹、玉樹、璇樹、不死樹在其西，沙棠、琅玕在其東，絳樹在其南，碧樹、瑤樹在其北。旁有四百四十門，門間四里，里間九純。旁有九井，井玉橫其西北之隅，北門開以內不周之風，傾宮旋室，縣圃涼風，樊桐在崑崙閶闔之中，是其疏圃。疏圃之池，浸之黃水，黃水三周復其原，是謂丹水，飲之不死。

河水出崑崙東北陬，貫渤海，入禹所導積石山。赤水出其東南陬，西南注南海。丹澤之東，赤水之東，弱水出自窮石，至于合黎，餘波入于流沙，南至南海。洋水出其西北陬，入于南海羽民之南。凡四水者，帝之神泉，以和百藥，以潤萬物。崑崙之丘，或上倍之，是謂涼風之山，登之不死。或上倍之，是謂玄圃，登之乃靈，能使風雨。或上倍之，乃維上天，登之乃神，是謂太帝之居。"《淮南子·墜形訓》

原題章十

《道德經》乃關令尹喜紀老聖之言。老聖之言，紀無始有始開天立極之道，太古上古皇道帝德之風，下至王之功、伯之力，見之五千餘文，囊括天人之道，上下幾千百代，歷歷可推。言聖人者三十有二而不名，殆一無名古史也。可以龜鑑萬世，可以綱維人極，可以優入聖域。老聖摭古史以著《道德》，孔聖摭魯史以作《春秋》，一也。然不以史名而名《道德》者，是系三五而爲之題。蓋周官外史掌四方之志、三皇五帝之書。《三墳》既軼，《五典》不完，尚幸世有此經，古道不墜。原老聖之意，諄諄以皇道帝德，爲當世告者，正以王伯雜出，功力相尚，慮其所終，而民莫措，故欲挽破碎於渾全，回澆漓於淳樸，縱不能使是民爲九皇之民，獨不得少窺唐虞雍熙和樂昇平之化乎？

嗚呼！聖人，天也。天此心，聖人此心；天此道，聖人此道。天不自爲而命之聖人，天可無爲也；聖人不自爲而命之賢人，聖人可無爲也。賢人不可不爲。聖人無爲乎上，賢人有爲乎下，君臣之道濟矣。故曰："爲無爲。"六十三章。又曰："無爲而無不爲"四十八章者，君臣有分職所在也。民有恒心，業所在也。太古玄風，天下一道，羲皇盛世，四海一德，此無爲之爲，猶其大有爲於天下者也。言則無爲有爲，旨則人心天理，一皆財成贊化參贊化育之道。若夫稱聖人而不名者，非太古無名氏之君，則羲、軒、堯、舜之君歟！尊古聖人，所以尊時君世主；壽斯道，所以壽斯世也。

章句章十一

《道德章句》者，河上公所著也。漢文帝尚清靜，命朝臣講習《老子》，時未有章句者出，辭玄文邃，多所不解。聞陝河之上有老人明《老子》，枉駕問焉。授帝素書《老子》一編，甄別其旨，析爲八十一章，章著二字，以訓一章之義，曰體道、曰養身、曰安民之類是也。自章句著而注者出焉。然道與世降，時有不同，注者多隨代所尚隨其時代之所趣尚，各自其成心而師之。遵從其一家之偏見。《莊子·齊物論》："夫隨其成心而師之，誰獨且無師乎？"故漢人注者爲漢《老子》，晉人注者爲晉《老子》，唐人、宋人注者爲唐《老子》、宋《老子》。言清虛無爲者有之，言吐納導引者有之，言性命禍福、兵刑權術者有之，紛紛説鈴，家自爲法，曾不知《道德》本旨，内聖外王之爲要。由是不能相發，而返以相戾，惜哉！

蓋自關子、文子親見猶龍，而其所自著書，頗已睽乖離，不合其師之旨。列、莊二賢，先後不數代，其言清虛玄遠，則又過其師之説，殆近天而不人。況孫、吳指軍事家孫武、吳起假之爲兵法，申、韓指法家代表人表申不害、韓非子詭之爲刑名，是又人而不天矣。宜乎千載之下，未有攸證。若夫蓋公、①曹參，②清静寧壹，以開漢室隆平之治，是善用老子之道者也。

抑觀河上公著分章之題，其義虛玄，實同經旨。而題之之義，注者未有所述，故稽治道者闕焉，此《原旨》所由作也。今不書章題，而書《經》曰者，尊《經》也，若其義則演諸《原旨》中，遂併章題爲一篇以舉云。

體道	養身	安民	無源	虛用
成象	韜光	易性	運夷	能爲
無用	檢欲	厭耻	贊玄	顯德
歸根	淳風	俗薄	還淳	異俗
虛心	益謙	虛無	苦恩	象元
重德	巧用	反樸	無爲	儉武
偃武	聖德	辯德	任成	仁德

---

① 蓋公：西漢孝惠帝時人，善治黄老，言"治道貴清净而民自定"。事見《漢書·曹參傳》。

② 曹參（？—前190）：字敬伯，沛（今江蘇沛縣）人，西漢開國功臣。漢高祖劉邦稱帝後，論功行賞，參功居第二，賜封平陽侯，漢惠帝時位居丞相，亦稱曹相國，是繼蕭何之後第二位相國，因其遵從蕭何之製，故有"蕭規曹隨"之稱。《史記》及《漢書》有傳。

微明	爲政	論德	法本	去用
同異	道化	徧用	立戒	洪德
儉欲	鑒遠	忘知	任德	貴生
養德	歸元	益證	修觀	玄符
玄德	淳風	順化	守道	居位
謙德	爲道	恩始	守微	淳德
後己	三寶	配天	玄用	知難
知病	愛己	任爲	制惑	貪損
戒强	天道	任信	任契	獨立
顯質				

纂玄章十二

纂玄者，五千言之樞要也。《老子》曰："言有宗，事有君。"七十章。蓋謂我之所言皆有所宗本。見諸古聖人之立言行事，甚易知、易行，何天下之莫能知、莫能行哉？"仲尼祖述堯舜，憲章文武"《中庸》，"同出而異名"《老子》一章。既見而問禮矣，指孔子適周，問禮於老子。事見《史記·老子韓非列傳》。又退而竊比焉。《論語·述而》："子曰：'述而不作，信而好古，竊比於我老彭。'"善述而信古，必有見於當日。今《原旨》之作，既已章著其義，乃復句別其綱，以纂玄言。覽者或因類以證句，因句以證章，因章以證義，庶乎玄聖立言之旨，可白於天下後世。言治道者，豈容忽諸？

道

可道〔道可道。〕 常道〔非常道。〕 久道〔長生久視之道。〕 法道〔天法道。〕 聞道〔上士聞道，勤而行之。〕 明道〔明道若昧。〕 夷道〔夷道若纇。〕 進道〔進道若退。不如坐進此道。〕 見道〔不窺牖，見天道。〕 爲道〔爲道日損。〕 聖道〔聖人之道，爲而不爭。〕 尊道〔是以萬物莫不尊道而貴德。〕 天道〔功成名遂身退，天之道。天之道，不爭而善勝。天道無親，常與善人。天之道，利而不害。天之道，損有餘而補不足。〕 人道〔人之道，則不然，損不足以奉有餘。〕 古道〔執古之道。古之善爲道者。古之所以貴此道者何。〕 貴道〔見上。〕 有道〔故有道者不處。天下有道，却走馬以糞。孰能損有餘奉天下，惟有道者。〕 大道〔大道廢，有仁義。大道汎兮，其可左右。大道甚夷，而民好徑。使我介然有知，行於大道。〕 行道〔見上。〕 不道〔不道早已。〕 非道〔非道也哉。〕 失道〔失道而後德。〕 道紀〔能知古始，是謂道紀。〕 道華〔前識者，道之華，而愚之始。〕 道奧〔道者，萬物之奧。〕 道尊〔道之尊。〕 道法〔道法自然。〕 道常〔道常無名。道常無爲而無不爲。〕 道生〔道生一。道生之。〕

德

廣德〔廣德若不足。〕 建德〔建德若偷。〕 積德〔早服謂之重積①德。〕 有德〔有德司契。〕 無德〔無德司徹。〕 孔德〔孔德之容。〕 貴德〔萬物莫不尊道而貴德。〕 玄德〔長而不宰，是謂玄德。常知楷式，是謂玄德。〕 常德〔常德不離，復歸於嬰兒。常德不忒，復歸於無極。常德乃足，復歸於樸。〕 上德〔上德不德。上德無爲而無以爲。上德若谷。〕 下德〔下德不失德。下德爲之而有以爲。〕 不德〔上德不德。是謂不爭之德。〕 同德〔德者同於德，同於德者，德亦得之。〕 德真〔修之身，其德乃真。〕 德餘〔修之家，其德乃餘。〕 德長〔修之鄉，其德乃長。〕 德豐〔修之國，其德乃豐。〕 德普〔修之天下，其德乃普。〕 德厚〔含德之厚。〕 德善〔不善者，吾亦善之，德善。〕 德信〔不信者，吾亦信之，德

---

① 積：《道藏》本原作"種"，據《老子》五十九章原文改。

信。〕 德畜〔德畜之。〕 德貴〔德之貴。〕

先天

先天〔有物混成，先天地生。〕 無極〔復歸於無極。〕 虛極〔致虛極，守靜篤。〕 古極〔是謂配天，古之極。〕 無始〔無，名天地之始。〕 古始〔能知古始，是謂道紀。〕 有始〔天下有始，以爲天下母。〕 無象〔無物之象。〕 有象〔恍兮惚兮，其中有象。〕 大象〔大象無形。執大象，天下往。〕 象先〔象帝之先。〕 同玄〔同謂之玄。〕 又玄〔玄之又玄。〕 窈冥精〔窈兮冥兮，其中有精。〕 恍惚物〔恍兮惚兮，其中有物。〕 天地根〔是謂天地根。〕 衆妙門〔衆妙之門。〕 玄牝門〔玄牝之門。〕 萬物宗〔淵兮似萬物之宗。〕

天地

天地〔無，名天地之始。天地不仁，以萬物爲芻狗。天地之間，其猶橐籥乎？玄牝之門，是謂天地根。天長地久，孰爲此者？天地。有物混成，先天地生。天地相合，以降甘露。天得一以清，地得一以寧。〕

萬物

萬物〔有，名萬物之母。萬物作而不辭。淵兮似萬物之宗。水善利萬物而不爭。萬物並作，吾以觀其復。萬物將自賓。萬物恃之以生而不辭。愛養萬物而不爲主。萬物將自化。萬物得一以生。天下萬物生於有。三生萬物。萬物負陰而抱陽。萬物莫不尊道而貴德。萬物草木之生也柔脆。〕 無物〔復歸於無物。〕 有物〔有物混成。〕 奇物〔奇物滋起。〕 物壯〔物壯則老。〕 衆甫〔其名不去，以閱衆甫。〕

天下

天下〔天下皆知美之爲美，斯惡已。貴以身爲天下，若可寄天下。愛以身爲天下，若可托天下。是以聖人抱一爲天下式。可以爲天下母。而以身輕天下。爲天下谿。爲天下式。爲天下谷。將欲取天下而爲之。天下神器。不以兵強天下。不可得志於天下。天下不敢臣。譬道之在天下。執大象，天下往。天下將自正。侯王得一，以爲天下貞。天下萬物生於有。天下之至柔，馳騁天下之至堅。天下希及之。清静爲天下正。取天下常以無事。天下有道，却走馬以糞。天下無道，戎馬生於郊。聖人在天下，惵惵爲天下渾其心。修之天下，其德乃普。以天下觀天下。故爲天下貴。以無事取天下。天下多忌諱，而民彌貧。以道莅天下，其鬼不神。大國者下流，天下之交。天下難事必作於易，天下大事必作於細。是以天下樂推而不厭。夫唯不爭，故天下莫能與之争。不敢爲天下先。天下莫能知，莫能行。孰能以有餘奉天下。天下柔弱莫過於水。可爲天下王。〕

國家

國家〔民多利器，國家滋昏。國家昏亂，有忠臣。〕 有國〔有國之母，可以長久。〕 鄰國〔鄰國相望。〕 治國〔愛民治國，能無爲乎？以正治國。治大國若烹小鮮。以知治國，國之賊。不以知治國，國之福。〕 大國〔大國者下流，天下之交。大國以下小國，則取小國。大國不過欲兼畜人。〕 小國〔小國以下大國，則取大國。小國不過欲入事人。小國寡民。〕 修國〔修之國，其德乃豐。〕 修家〔修之家，其德乃餘。〕 修鄉〔修之鄉，其德乃長。〕 觀鄉〔以鄉觀鄉。〕 觀國〔以國觀國。〕 觀家〔以家觀家。〕

太上

太上〔太上，下知有之。〕

聖人

聖人〔是以聖人處無爲之事。是以聖人之治。聖人不仁。是以聖人後其身而身先。是以聖人爲腹不爲目。是以聖人抱一爲天下式。是以聖人常善救人。聖人用之，則爲官長。是以聖人去甚、去奢、去泰。是以聖人終不爲大。是以聖人不行而知。聖人無常心。聖人在天下。聖人皆孩之。故聖人云:"我無爲，而民自化。"是以聖人方而不割。聖人亦不傷人。是以聖人猶難之。聖人無爲，故無敗。是以聖人欲不欲。是以聖人欲上人，以其言下之。是以聖人處上而民不重。是以聖人被褐懷玉。聖人不病。是以聖人自知不自見。是以聖人爲而不恃。故聖人云。聖人執左契，而不責於人。聖人不積。聖人之道，爲而不爭。〕

君臣

天子〔故立天子，置三公。〕　王大〔王亦大。〕　王天〔王乃天。〕天王〔是謂天下王。〕　人主〔以道佐人主者，不以兵强天下。〕　萬乘主〔奈何萬乘之主，而以身輕天下。〕　社稷主〔是謂社稷主。〕　器長〔不敢爲天下先，故能成器長。〕　官長〔聖人用之，則爲官長。〕　配天〔是謂配天，古之極。〕　王公〔惟孤、寡、不穀，而王公以爲稱。〕　公王〔公乃王。〕　三公〔置三公。〕　侯王〔侯王若能守。侯王得一，以爲天下貞。侯王無以正而貴高。侯王自謂孤、寡、不穀。〕　爲王〔故能爲百谷王。〕　君〔言有宗，事有君。躁則失君。〕　臣〔國家昏亂，有忠臣。輕則失臣。樸雖小，天下不敢臣。〕

士君子

善士〔古之善爲士者，微妙玄通。善爲士者不武。〕　上士〔上士聞道，勤而行之。〕　中士〔中士聞道，若存若亡。〕　下士〔下士聞道，大笑之。〕
君子〔是以君子終日行，不離輜重。是以君子居則貴左。兵者，不祥之器，非君子之器。〕　大丈夫〔是以大丈夫處其厚，不處其薄。〕

父子

教父〔吾將以爲教父。〕　六親〔六親不和，有孝慈。〕　孝慈〔絕仁棄義，民復孝慈。〕　國母〔有國之母，可以長久。〕　天下母〔天下有始，以爲天下母。〕　萬物母〔有，名萬物之母。〕　食母〔而貴求食於母。〕

母子〔既得其母，以知其子。〕　子母〔既知其子，復守其母。〕　嬰兒〔專氣致柔，能如嬰兒乎？常得不離，復歸於嬰兒。乘乘兮若嬰兒之未孩。〕　未孩〔見上。〕　孩之〔聖人皆孩之。〕　赤子〔含德之厚，比於赤子。〕　子孫〔子孫祭祀不輟。〕　雌雄〔知其雄，守其雌。〕①　牝牡〔未知牝牡合而朘作。〕

師學
師資〔不貴其師，不愛其資。〕　人師〔善人者，不善人之師。〕　大匠〔夫代大匠斲。〕　爲學〔爲學日益。〕　爲文〔以爲文不足。〕　學不學〔學不學，復衆人之所過。〕　絕學〔絕學無憂。〕　楷式〔常知楷式，是謂玄德。〕

主賓
主〔不敢爲主而爲客。萬物歸焉而不爲主。愛養萬物而不爲主。〕　賓〔萬物將自賓。〕　客〔儼若客。樂與餌，過客止。〕

人民
善人〔天道無親，常與善人。善人，不善人之師。道者，萬物之奧，善人之寶，不善人之所保。〕　不善人〔見上。〕　異人〔我獨異於人。〕　愚人〔我愚人之心也哉。〕　衆人〔衆人熙熙。衆人皆有餘。衆人皆有以。復衆人之所過。〕　俗人〔俗人昭昭。俗人察察。〕　救人〔常善救人，故無棄人。〕　棄人〔見上。〕　治人〔治人事天，莫若嗇。〕　殺人〔夫樂殺人者，不可得志於天下。殺人衆多，悲哀泣之。〕　知人〔知人者智。〕　勝人〔勝人者有力。〕　示人〔國之利器，不可以示人。〕　用人〔善用人者爲下。〕

---

①　知其雄，守其雌：《道藏》本原作"知其雌，守其雄"，據《老子》二十八章原文改。

爲人〔既以爲人己愈有。〕 與人〔既以與人己愈多。〕 使民〔不尚賢，使民不爭。不貴難得之貨，使民不爲盜。不見可欲，使民心不亂。常使民無知無欲。若使民常畏死而爲奇者。使民重死而不遠徙。使民復結繩而用之。〕 愛民〔愛民治國，能無爲乎？〕 明民〔非以明民，將以愚之。〕 百姓〔以百姓爲芻狗。功成事遂，百姓皆曰：我自然。百姓皆注其耳目。〕 不責人〔是以聖人執左契，而不責於人。〕

軍旅
將軍〔偏將軍處左，上將軍處右。〕 大軍〔大軍之後，必有凶年。〕 佳兵〔夫佳兵者，不祥之器。〕 敵兵〔仍無敵，執無兵。〕 甲兵〔雖有甲兵，無所用之。入軍不被甲兵。〕 用兵〔以奇用兵。用兵有言："不敢爲主而爲客。"〕 抗兵〔抗兵相加，哀者勝矣。〕 兵強〔兵強則不勝。〕 師處〔師之所處，荊棘生焉。〕 田獵〔馳騁田獵，令人心發狂。〕

盜賊
盜賊〔絕巧棄利，盜賊無有。法令滋彰，盜賊多有。〕 智賊〔以智治國，國之賊。〕 盜夸〔財貨有餘，是謂盜夸。〕

鬼神
鬼神〔以道莅天下者，其鬼不神。〕 神聖〔非其神不傷人，聖人亦不傷人。〕 神靈〔神得一以靈。神無以靈，將恐歇。〕

身體
虛心〔虛其心。〕 常心〔聖人無常心。〕 爲心〔以百姓心爲心。〕 渾心〔惵惵爲天下渾其心。〕 民心〔使民心不亂。〕 心氣〔心使氣曰強。〕 弱志〔弱其志。〕 有志〔強行者有志。〕 強骨〔強其骨。〕 骨弱〔骨弱筋柔而握固。〕 筋柔〔見上。〕 有力〔勝人者有力。〕 用力

〔是謂用人之力。〕身先〔後其身而身先。〕身存〔外其身而身存。〕身殃〔無遺身殃。〕身退〔功成，名遂，身退。〕有身〔吾有大患，爲吾有身。〕無身〔及吾無身，吾有何患？〕終身〔塞其兌，閉其門，終身不勤。開其兌，濟其事，終身不救。〕修身〔修之身，其德乃真。〕貴身〔貴以身爲天下。〕愛身〔愛以身爲天下。〕患身〔貴大患若身。〕歿身〔道乃久，歿身不殆。〕傷手〔夫代大匠斲，希有不傷手矣。〕攘臂〔攘無臂，則攘臂而仍之。〕實腹〔實其腹。〕爲腹〔爲腹不爲目。〕爲目〔見上。〕目盲〔五色令人目盲。〕耳聾〔五音令人耳聾。〕口爽〔五味令人口爽。〕口味〔道之出口，淡乎其無味。〕峻作〔未知牝牡之合而峻作，精之至也。〕精至〔見上。〕足下〔千里之行，始於足下。〕

性命

谷神〔谷神不死，是謂玄牝。〕冲氣〔冲氣以爲和。〕專氣〔專氣致柔。〕精真〔其中有精，其精甚真。〕復命〔靜曰復命，復命曰常。〕營魄〔載營魄抱一，能無離乎？〕光明〔用其光，復歸其明。〕光耀〔光而不耀。〕守中〔不如守中。〕握固〔骨弱筋柔而握固。〕抱一〔抱一，能無離乎？抱一爲天下式。〕混一〔故復混而爲一。〕

生死

生死〔出生入死。生之徒，死之徒。人之生，動之死地。柔弱者，生之徒。堅強者，死之徒。〕有生〔有生於無。〕道生〔道生一。〕先生〔先天地生。〕生生〔以其生生之厚。〕攝生〔蓋聞善攝生者。〕求生〔以其上求生之厚。〕相生〔有無之相生。〕長生〔以其不自生，故能長生。是謂深根固柢，長生久視之道。〕厭生〔無厭其所生。〕無生〔夫唯無以生爲者，是賢於貴生。〕貴生〔見上。〕不死〔谷神不死，是謂玄牝。〕無死〔以其無死地。〕重死〔使民重死而不遠徙。〕或存〔湛兮

似或存。〕 若存〔綿綿若存。〕 不亡〔死而不亡者壽。〕 壽〔見上。〕

冲玄

道冲〔道冲而用之，或不盈。〕 若冲〔大盈若冲，其用不窮。〕 冲和〔冲氣以爲和。〕 知和〔知和曰常。〕 和光〔和其光。〕 玄同〔和其光，同其塵，是謂玄同。〕 玄通〔微妙玄通，深不可識。〕 玄德〔長而不宰，是謂玄德。常知楷式，是謂玄德。〕 玄覽〔滌除玄覽，能無疵乎？〕 觀妙〔常無，欲以觀其妙。〕 要妙〔雖知大迷，是謂要妙。〕 敦樸〔敦兮其若樸。〕 素樸〔見素抱樸。〕 復樸〔復歸於樸。〕 自樸〔我無欲而民自樸。〕 樸小〔樸雖小，天下不敢臣。〕 無名樸〔吾將鎭之以無名之樸。無名之樸亦將不欲。〕

清静

清静〔清静爲天下正。〕 以清〔天得一以清。〕 徐清〔孰能濁以静之徐清。〕 虛静〔致虛極，守静篤。〕 好静〔我好静而民自正。〕 常静〔牝常以静勝牡。〕 静復〔歸根曰静，静曰復命。〕 以静〔不欲以静，天下將自正。〕 自然〔希言自然。以輔萬物之自然。道法自然。〕

五常

仁義〔大道廢，有仁義。絶仁棄義，民復孝慈。〕 善仁〔與善仁。〕 不仁〔天地不仁，以萬物爲芻狗；聖人不仁，以百姓爲芻狗。〕 上仁〔上仁爲之，而無以爲。〕 失仁〔失仁而後義。〕 上義〔上義爲之，而有以爲。〕 失義〔失義而後禮。〕 上禮〔上禮爲之，而莫之應。〕 喪禮〔言以喪禮處之。戰勝以喪禮處之。〕 聖知〔絶聖棄知，民利百倍。〕 有知〔使我介然有知，行於大道。〕 知慧〔知慧出，有大僞。〕 知多〔民之難治，以其知多。〕 忠信〔夫禮者，忠信之薄而亂之首。〕 有信〔其中有信。〕 善信〔言善信。〕 德信〔信者，吾信之；不信者，吾亦信之；德信。〕 寡信〔輕諾者，必寡信。〕 不信〔信不足，有不信。美言不信。〕

言行
言宗〔言有宗，事有君。〕 吾言〔吾言甚易知，甚易行。〕 希言〔希言自然。〕 善言〔善言無瑕謫。〕 貴言〔猶兮其貴言。〕 建言〔故建言有之曰。〕 信言〔信言不美。〕 正言〔正言若反。〕 多言〔多言數窮，不如守中。〕 虛言〔古之所謂曲則全者，豈虛言哉？〕 美言〔美言不信，信言不美。美言可以市。〕 不言〔聖人行不言之教。不言之教，無爲之益。知者不言，言者不知。天之道，不言而善應。〕 尊行〔尊行可以加人。〕 贅行〔餘食贅行。〕 行妨〔難得之貨，令人行妨。〕

政教
政治〔政善治。〕 聖治〔是以聖人之治。〕 難治〔民之難治，以其上之有爲。民之難治，以其知多。〕 行教〔行不言之教。〕 治亂〔治之於未亂。〕 法令〔法令滋彰，盜賊多有。〕

功名
有功〔不自伐，故有功。〕 無功〔自伐者無功。〕 功成〔功成不居，是以不去。功成事遂，百姓皆謂我自然。功成而不處，其不欲見賢。功成，名遂，身退。〕 名遂〔見上。〕 名身〔名與身孰親？〕 可名〔名可名。〕 常名〔非常名。〕 異名〔同出而異名。〕 強名〔強爲之名曰大。〕 無名〔道常無名。無，名天地之始。〕 有名〔有，名萬物之母。道隱無名。①〕

---

① 道隱無名：《道藏》本原作"道隱有名"，據《老子》四十一章原文改。

富貴

富貴〔富貴而驕，自遺其咎。〕　知富〔知足者富。〕　自富〔我無事而民自富。〕　貴賤〔不可得而貴，不可得而賤。〕　貴身〔貴大患若身。貴以身爲天下。〕　我貴〔知我者希，則我者貴。〕　自貴〔自愛不自貴。〕　貴言〔猶兮其貴言。〕　不貴〔不貴難得之貨。〕　古貴〔古之所以貴此道者何？〕

賢愚

尚賢〔不尚賢，使民不爭。〕　見賢〔功成不處，其不欲見賢。〕　愚始〔前識者道之華，而愚之始。〕　以愚〔非以明民，將以愚之。〕　愚心〔我愚人之心也哉！〕

善惡

善惡〔善之與惡，相去何若？〕　善應〔天道不言而善應。〕　善勝〔善勝敵者不爭。〕　善謀〔繟然而善謀。〕　善建〔善建者不拔。〕　善抱〔善抱者不脫。〕　善下〔江海所以爲百谷王者，以其善下之。〕　善言〔善言無瑕讁。〕　善行〔善行無轍迹。〕　善計〔善計不用籌策。〕　善閉〔善閉無關鍵而不可開。〕　善結〔善結無繩約而不可解。〕　上善〔上善若水。〕　善地〔居善地。〕　善利〔水善利萬物而不爭。〕　善淵〔心善淵。〕　善仁〔與善仁。〕　善能〔事善能。〕　善時〔動善時。〕　知善〔天下皆知善之爲善。〕　常善〔是以聖人常善救人。〕　不善〔人之不善，何棄之有？〕　吉凶〔吉事尚左，凶事尚右。〕　作凶〔不知常，妄作凶。〕　利害〔不可得而利，不可得而害。勇於敢則殺，勇於不敢則活，此兩者或利或害。〕　禍福〔禍兮福所倚，福兮禍所伏。〕　親譽〔其次親之、譽之。〕　畏侮〔其次畏之、侮之。〕　悲哀〔殺人衆多，悲哀泣之。〕　大笑〔下士聞道，大笑之。〕　大怨〔和大怨，必有餘怨。〕

愛欲

愛身〔愛以身爲天下。〕　自愛〔自愛不自貴。〕　甚愛〔甚愛必大費。〕　天惡〔天之所惡，孰知其故？〕　人惡〔人之所惡，惟孤、寡、不穀。〕　物惡〔餘食贅行，物或惡之。〕　無欲〔常無欲，可名於小。〕　寡欲〔見素抱樸，少私寡欲。〕　不欲〔不欲以靜。是以聖人欲不欲。其不欲見賢。〕　所欲〔兩者各得其所欲。〕　欲得〔咎莫大於欲得。〕　得失〔得者同於得，失者同於失。得之若驚，失之若驚。〕　不失〔不失其所者久。天網恢恢，疏而不失。〕　成敗〔常於幾成而敗之。〕　敗失〔爲者敗之，執者失之。聖人無爲，故無敗；無執，故無失。〕　無敗〔慎終如始，則無敗事。〕　損益〔或損之而益，或益之而損。〕　益損〔見上。爲學日益，爲道日損。〕　寵辱〔寵辱若驚。〕　榮辱〔知其榮，守其辱。〕　不辱〔知足不辱。〕　若辱〔大白若辱。〕　知止〔知止不殆。〕　知足〔知足者富。知足之足，常足矣。知足不辱。〕　不知足〔禍莫大於不知足。〕　補不足〔天之道，損有餘而補不足。〕　損不足〔人之道則不然，損不足以奉有餘。〕

剛柔

剛強〔柔勝剛，弱勝強，柔弱勝剛強。〕　柔弱〔見上。天下柔弱莫過於水。人之生也柔弱。柔弱者，生之徒。〕　堅強〔其死也堅強。堅強者，死之徒。而攻堅強者，莫之能勝。〕　強大〔強大處下，柔弱處上。〕　強梁〔強梁者不得其死。〕　取強〔不敢以取強。〕　勿強〔果而勿強。〕　致柔〔專氣致柔。〕　弱用〔弱者道之用。〕　矜伐〔不自矜，故長；不自伐，故有功。自矜者不長，自伐者無功。果而勿矜，果而勿伐。〕

爭戰

不爭〔夫惟不爭，故無尤。夫惟不爭，故天下莫能與之爭。以其不爭，故天下莫能與之爭。天之道，不爭而善勝。是謂不爭之德。善勝敵者不爭。水善利萬物而不爭。〕　善戰〔善戰者不怒。〕　輕敵〔禍莫大於輕敵。輕敵幾喪吾寶。〕 戰勝〔戰勝，以喪禮處之。夫慈以戰則勝。〕 善勝〔善勝敵者不爭。〕 勇敢〔勇於敢則殺，勇於不敢則活。〕 殺活〔見上。〕 大威〔民不畏威，大威至矣。〕 司殺〔常有司殺者殺。〕

無爲

無爲〔道常無爲而無不爲。上德無爲而無以爲。上仁爲之而無以爲。吾是以知無爲之有益。無爲之益，天下希及之。損之又損，以至於無爲。爲無爲。無爲而無不爲。愛民治國，能無爲乎？人能無以生爲者。〕

有爲

有爲〔下德爲之而有以爲。上義爲之而有以爲。〕 强爲〔故强爲之容。〕 不爲〔愛養萬物而不爲主。萬物歸焉而不爲主。不敢爲天下先。不敢爲主而爲客。不爲而威。天下神器，不可爲也。使民不爲盜。使夫知者不敢爲也。〕

爲之

爲之〔將欲取天下而爲之。上禮爲之，而莫之應。〕 爲器〔樸散則爲器。〕 爲長〔聖人用之，則爲官長。〕 爲父〔吾將以爲教父。〕 爲主〔不敢爲主。〕 爲客〔而爲客。〕 爲士〔善爲士者不武。〕 爲道〔古之善爲道者。〕 爲文〔以爲文不足。〕 爲一〔故復混而爲一。〕 爲式〔抱一爲天下式。〕 爲和〔冲氣以爲和。〕 爲貴〔故爲天下貴。〕 爲基〔高以下爲基。〕 爲稱〔而王公以爲稱。〕 爲美〔天下皆知美之爲美。〕 爲善〔天下皆知善之爲善。〕 爲利〔有之以爲利。〕 爲用〔無之以爲用。〕 爲奇〔正復爲奇。〕 爲妖〔善復爲妖。〕 爲敗〔爲者敗之。〕 爲谿〔爲天下谿。〕 爲谷〔爲天下谷。〕

天文

天長〔天長地久。〕 天清〔天得一以清。〕 天大〔域中有四大，天大。〕 冲氣〔冲氣以爲和。〕 甘露〔天地相合，以降甘露。〕 飄風〔飄風不終朝。〕 驟雨〔驟雨不終日。〕 冰釋〔渙若冰將釋。〕

地理
地久〔天長地久。〕 地寧〔地得一以寧。〕 地大〔天大，地大。〕 善地〔居善地。〕 谿谷〔爲天下谿。爲天下谷。〕 江海〔猶川谷之與江海。〕 百谷〔江海所以能爲百谷王。〕 曠谷〔曠兮其若谷。〕 涉川〔豫兮若冬涉川。〕 善淵〔心善淵。〕 魚淵〔魚不可脫於淵。〕 若水〔上善若水。〕 壘土〔九層之臺，起於壘土。〕 田蕪〔田甚蕪。〕 道徑〔大道甚夷，而民好徑。〕 千里〔千里之行，始於足下。〕 域大〔域中有四大。〕

時令
善時〔動善時。〕 春臺〔如登春臺。〕 若冬〔豫兮若冬涉川。〕 凶年〔大軍之後，必有凶年。〕 終朝〔飄風不終朝。〕 終日〔驟雨不終日。終日號而嗌不嗄。〕 日益〔爲學日益。〕 日損〔爲道日損。〕 日久〔民之迷，其日固久。〕 陰陽〔負陰抱陽。〕 寒熱〔躁勝寒，靜勝熱。〕

草木
草木〔萬物草木之生也柔脆，其死也枯槁。〕 抱木〔合抱之木，生於毫末。〕 木共〔木強則共。〕 荊棘〔荊棘生焉。〕 根柢〔深根固柢。〕 歸根〔夫物芸芸，各歸其根。〕 輕根〔重爲輕根。〕

宮室
九層臺〔九層之臺，起於壘土。〕 朝甚除〔朝甚除，倉甚虛。〕 倉虛〔見上。〕 戶牖〔鑿戶牖以爲室。〕 鑿室〔見上。〕 塞兌〔塞其兌，閉其門。〕 閉門〔塞其兌，閉其門。〕 開兌〔開其兌，濟其事。〕 出戶

〔不出戶，知天下。〕 窺牖〔不窺牖，見天道。〕 方隅〔大方無隅。〕 安居〔安其居，樂其俗。〕 樂俗〔安其居，樂其俗。〕 狹居〔無狹其所居。〕 關鍵〔善閉無關鍵而不可開。〕 春臺〔如登春臺。〕 四鄰〔猶分若畏四鄰。〕 榮觀〔雖有榮觀，燕處超然。〕 妙門〔衆妙之門。〕 有室〔有室之用。〕 玄門〔玄牝之門。〕 天門〔天門開闔。〕

器用

樸器〔樸散則爲器。〕 神器〔天下神器，不敢爲也。〕 大器〔大器晚成。〕 利器〔國之利器，不可以示人。民多利器，國家滋昏。〕 兵器〔夫佳兵者，不祥之器。〕 埏埴〔埏埴以爲器。〕 器用〔有器之用。非君子之器，不得已而用之。〕 什伯器〔使有什伯之器而不用。〕 橐籥〔天地之間，其猶橐籥乎？〕 芻狗〔以萬物爲芻狗。以百姓爲芻狗。〕 金玉〔金玉滿堂，莫之能守。〕 車用〔當其無，有車之用。〕 如玉〔不欲琭琭如玉。〕 懷玉〔被褐懷玉。〕 輻轂〔三十輻共一轂。〕 拱璧〔雖有拱璧，以先駟馬。〕 無輿〔數輿無輿。〕 舟輿〔雖有舟輿，無所乘之。〕 輜重〔君子終日行，不離輜重。〕 匠斲〔是謂代大匠斲。〕 左契〔聖人執左契，而不責於人。〕 司契〔有德司契，無德司徹。〕 籌策〔善計不用籌策。〕 利劍〔帶利劍。〕 張弓〔天之道，其猶張弓乎？〕 天網〔天網恢恢，疏而不失。〕 結繩〔使民復結繩而用之。〕 繩約〔善結者，無繩約而不可解。〕

服飾

服采〔服文采。〕 美服〔甘其食，美其服。〕 被褐〔被褐懷玉。〕

食貨

飲食〔厭飲食。〕 餘食〔餘食贅行。〕 甘食〔甘其食。〕 食稅〔以其上食稅之多。〕 樂餌〔樂與餌，過客止。〕 財貨〔財貨有餘。〕 貴

貨〔不貴難得之貨。難得之貨，令人行妨。欲不欲，不貴難得之貨。〕

    禽蟲

    兕角〔兕無所投其角。〕　虎爪〔虎無所措其爪。〕　馹馬〔雖有拱璧，以先馹馬。〕　走馬〔却走馬以糞。〕　戎馬〔戎馬生於郊。〕　毒蟲〔毒蟲不螫。〕　猛獸〔猛獸不攎。〕　攫鳥〔攫鳥不搏。〕　太牢〔衆人熙熙，如享太牢。〕　淵魚〔魚不可脫於淵。〕① 　小鮮〔治大國若烹小鮮。〕

    疊字

    繩繩〔繩繩兮不可名。〕　芸芸〔夫物芸芸，復歸其根。〕　熙熙〔衆人熙熙。〕　乘乘〔乘乘兮若無所歸。〕　沌沌〔沌沌兮，俗人昭昭，我獨若昏。〕　昭昭〔見上。〕　察察〔俗人察察，我獨悶悶。〕　悶悶〔其政悶悶，其民淳淳。〕　淳淳〔見上。〕　碌碌〔不欲碌碌如玉，落落如石。〕　落落〔見上。〕　缺缺〔其民缺缺。〕

                            玄經原旨發揮卷下

---

① 魚不可脫於淵：《道藏》本原作"淵不可脫於魚"，據《老子》三十六章原文改。

玄經原旨發揮序一

上古之初，人人老子，家家道德，言之不可聞，安有五千言以爲之經？大樸既散，元經會之七，有聖人跨歷商周，笑視争奪，遐想庸成傳上古帝王稱號，《莊子》謂"容成氏"，或曰"祝融氏"，大庭傳上古帝王神農氏之別稱之不可復，於是出五千言，以陳古義，以正人心。青牛去遠，微言轉堙，五千演爲數十萬言，將以發道德之所未盡。使"博大真人"《莊子·天下》："關尹、老聃乎！古之博大真人哉！"與上三皇同時，必不著書。使後世盡漢文，盡蓋公，則《原旨》之書，亦不出於今之河上。

此書自先天而來，十有二章，別自爲書，開闔古今，經緯理數，得函關即函谷關。老子西出函谷關，作《道德經》之的意，集玄學之大成。讀之者軒軒乎自得貌見鴻濛，泠泠 líng líng，清涼貌然適建德，① 身世自遠，内外俱忘，亦猶淵明之羲皇上、② 禪宗之威音前、③

---

① 建德：即"建德之國"，喻指道家理想的社會圖景。《莊子·山木》："南越有邑焉，名爲建德之國。其民愚而樸，少私而寡慾；知作而不知藏，與而不求其報；不知義之所適，不知禮之所將；猖狂妄行，乃蹈乎大方；其生可樂，其死可葬。"

② 陶淵明《與子儼等疏》："常言五六月中，北窗下臥，遇涼風暫至，自謂是羲皇上人。"

③ 禪宗之威音前：指"威音王佛"之前，禪宗以之指稱久遠劫前人類心靈和精神世界的清净純正。

周茂叔之太極本無極。雖然運世運有污隆指世道盛衰或政治興替，而古今無二道；術有分裂，而宇宙無兩身。安知老子之非先生，又安知先生之非我？異時白石洞天水光山色之中，從杖履而稽首三問者必屬之我矣。

　　盧山道士黃石翁敬書。

玄經原旨發揮序二

生民果有初乎？夫開物成務，①十三卦②之外無餘聞，而雲火水龍鳥師之紀，郯子③之學爲有徵。是故莊周之論容成而下，凡十二氏，④夫豈寓言？黃帝以前，封泰山者七十二，⑤又豈臆説與？蓋五太肇而化育参，九紀終而甲曆作，推之而可求其故，

---

① 開物成務：指溝通物情而成就事功。語出《易·繫辭上》："夫《易》開物成務，冒天下之道，如斯而已者也。"
② 十三卦：指《離》《益》《噬嗑》《乾》《坤》《渙》《隨》《豫》《小過》《睽》《大壯》《大過》《夬》十三卦，乃"類萬物之情"而成就功業者。詳見《易·繫辭下》。
③ 郯（tán）子：生卒年不詳，己姓，子爵，少昊後裔，春秋時郯國（今山東郯城縣北）國君。魯昭公十七年（前525），郯子朝魯時，魯大夫叔孫昭以少昊氏以鳥名官之事相問，郯子數典述祖，歷叙黃帝以雲、炎帝以火、共工以水、太昊以龍，以至少昊以鳥紀事名官之端由，舉座皆歎其學之淵博。事見《左傳》昭公十七年。
④ 《莊子·胠篋》："子獨不知至德之世乎？昔者容成氏、大庭氏、伯皇氏、中央氏、栗陸氏、驪畜氏、軒轅氏、赫胥氏、尊盧氏、祝融氏、伏犧氏、神農氏，當是時也，民結繩而用之，甘其食，美其服，樂其俗，安其居，鄰國相望，雞狗之音相聞，民至老死而不相往來。若此之時，則至治已。"
⑤ 《史記·封禪書》："管仲曰：'古者封泰山禪梁父者七十二家，而夷吾所記者十有二焉。'"又見《管子·封禪》篇。

遡之而可見其倪者，《易》《老》而外，惟《皇極》一書而已。然嘗論之，元、會、運、世，大年也；歲、月、日、時，小年也。皇、帝、王、伯之所由分，開物、閉物之所由遂，其可究者，日甲月巳星癸，爲少昊之世，而甲子紀年。日甲月午星甲，爲夏禹之日，而王道始著。然則六萬四千八百有一年以往之，故斷自堯，甲辰而上，豈無可載之事？特簡策史籍、典籍散落，舉之而無其徵，此堯夫即邵雍，字堯夫所由略也。

南谷杜尊師，道際兩朝，學探古始，嘗以謂一身之八卦，爲盤古開天之徵；一日之旦夜，爲開物閉物之辨。故摭諸古史曆書所稱九紀，參之老子微意，迄禹二會半以前，逆推而分初、中、後三皇氏，以系人極既立之事。由是而求之，則於《皇極書》爲有原始之補，而其意則尊皇道、尚帝德而已也。

題其書曰《原旨發揮》，分爲十二章，上六章至周而終，下六章述老子本末。大抵發明老子身爲藏史，凡三皇五帝之書，無不目見。所著五千言，辭玄旨邃，隱然無名古史，故取之以補邵子之所不陳，殆人間宜有書也。

尊師，老子徒也，謂言涉天人不可也，然使爲國家者，得其言而用之，則君俞安也於上，臣敏勉也於下，斯民囿 yòu、集聚、萃聚玄穆虛無淵深之化，或者老子意乎？於是乎叙！

大德十年冬十有二月望，弟子句 gōu 章今浙江餘姚市東南任士林書于錢塘自然道士之齋。

·附録·

主要參考書目

李一氓主編:《道藏》（第一十二册、第一十七册），北京：文物出版社/上海：上海書店/天津：天津古籍出版社，1988。

熊鐵基、陳紅星主編:《老子集成》（第五卷），北京：宗教文化出版社，2011。

張繼禹主編:《中華道藏》（第一一册、第四六册），北京：華夏出版社，2004。

〔魏〕王弼注，樓宇烈校釋:《老子道德經注校釋》，北京：中華書局，2008。

〔唐〕歐陽詢撰:《藝文類聚》（2版），汪紹楹校，上海：上海古籍出版社，2007。

〔唐〕徐堅等著:《初學記》，北京：中華書局，1962。

〔宋〕李昉等撰:《太平御覽》，北京：中華書局，2013。

〔宋〕邵雍著:《邵雍全集》，郭彧、于天寶點校，上海：上海古籍出版社，2015。

〔宋〕劉恕編:《資治通鑑外紀》，上海：上海古籍出版社，1987。

〔宋〕普濟著:《五燈會元》，蘇淵雷點校，北京：中華書局，1984。

〔宋〕朱熹撰:《四書章句集注》,徐德明校點,上海:上海古籍出版社/合肥:安徽教育出版社,2001。

〔宋〕羅泌纂,羅苹注:《路史》,《四部備要》本,上海:中華書局,1936。

〔清〕阮元校刻:《十三經注疏》,北京:中華書局,1980。

〔清〕孫希旦撰:《禮記集解》,沈嘯寰、王星賢點校,北京:中華書局,2016。

〔清〕焦循著:《孟子正義》,國學整理社編《諸子集成》(第一冊),北京:中華書局,2006。

〔清〕郭慶藩撰:《莊子集釋》,王孝金點校,北京:中華書局,2006。

〔清〕趙在翰輯:《七緯》,鍾肇鵬、蕭文郁點校,北京:中華書局,2012。

〔清〕馬驌撰:《繹史》,王利器整理,北京:中華書局,2002。

陳鼓應著:《老子注譯及評介》,北京:中華書局,2015。

徐元誥撰:《國語集解》,王樹民、沈長雲點校,北京:中華書局,2002。

程樹德撰:《論語集釋》,程俊英、蔣見元點校,北京:中華書局,2014。

許維遹撰:《呂氏春秋集釋》,梁運華整理,北京:中華書局,2009。

[日]安居香山、中村璋八輯:《緯書集成》,石家莊:河北人民出版社,1994。